Manuela Huber

Nicole Leopold

Oliver Heinl

mmmh lecker

KOCHEN

Familienrezepte für jede Jahreszeit

© Verlag Oliver Heinl

Wir widmen dieses Buch

all jenen Kindern,
die uns Erwachsene mit der Herausforderung konfrontieren,
ein nach ihren Maßstäben anständiges Essen
auf den Tisch zu bringen.
Ihr überzeugt uns täglich aufs Neue davon,
wie wichtig der bewusste Umgang mit gesunden Nahrungsmitteln ist.
Dafür sind wir Euch von Herzen dankbar!

Außerdem danken wir

Manuela Huber
die unermüdlich die vielseitigsten Rezepte aus ihrem persönlichen Fundus zauberte
und uns beim gemeinsamen Kochen regelmäßig mit den Ergebnissen verzauberte,

Sigrid Schulz
für ihre Idee, diese Rezeptsammlung zu erstellen,

Tanja & Jürgen Brehm
Michael Scheib
für das sorgfältige und gewissenhafte Korrekturlesen,

Steffen Bollmann
für die geduldige Beantwortung all unserer drucktechnischen Fragen
und seine Unterstützung bei der Umsetzung.

Rezept-Sammlung: Manuela Huber
Text und Rezepte-Lektorat: Nicole Leopold
Buchgestaltung und Textsatz: Nicole Leopold
Fotografie: Oliver Heinl
Herausgeber: Oliver Heinl und Nicole Leopold
Druck und Weiterverarbeitung: Druckerei Carl Hessel GmbH, 90537 Feucht

ISBN 978-3-931736-11-8

© Verlag Oliver Heinl
Schwabacher Straße 30 B, 91126 Rednitzhembach
Tel. 09122 · 87 26 93, Fax: 09122 · 87 26 92
E-Mail: verlag@wirschaftswunder.eu

1. Auflage November 2018

Unsere Rezepte ...

Unsere Motivation ist ...

"Was die Frau Huber heut für uns gekocht hat, war sooo... lecker! Machst Du das auch mal zuhause?"

In der Waldorf-Einrichtung in Wendelstein, im Herzen von Franken, gibt es Kinder, die das Glück haben, mit Freude die von Manuela Huber zubereiteten Gerichte verspeisen zu dürfen. Und immer wieder fordern sie ihre Eltern auf, es der Frau Huber gleich zu tun.

"Aber gerne!" möchten Sie antworten? Und Sie denken sich: *"Wenn ich nur wüsste, wie ..."*?

Manche Eltern entlocken der Frau Huber einzelne ihrer Rezepte, um ihre Kinder zuhause ebenso zufrieden essen zu sehen. Meistens mit Erfolg.

Aus diesem Grund haben wir uns auf Anregung einer Mutter (Sigrid Schulz) zusammengetan: Unsere Köchin (Manuela Huber), unser Fotograf (Oliver Heinl) und ich (Nicole Leopold) als Grafikerin, Texterin und Hobby-Köchin.

Gemeinsam mit Manuela Huber haben wir Rezepte gesammelt, aufgeschrieben und nach Jahreszeiten sortiert. Darunter finden sich viele praxiserprobte Rezepte aus der Kindergartenküche, zahlreiche saisonale sowie einige exotische Gerichte und auch eine Handvoll Außergewöhnliches für Gäste. Alle Speisen haben wir frisch zubereitet, bevor wir sie für dieses Buch fotografiert und anschließend mit kindlicher Freude gemeinsam genossen haben.

Alle Rezepte lassen sich einfach nachkochen – darauf haben wir Wert gelegt. So macht nicht nur das Essen, sondern auch das Zubereiten Spaß.

Der gar nicht so mühsame Weg zu einem guten Essen:

Zugegeben: Es scheint in unserer Überflussgesellschaft nicht einfach zu sein, alles richtig zu machen. Bereits der Einkauf konfrontiert uns mit Grundsatzfragen: Entscheiden wir uns für Bio-, Fairtrade- oder regionale Produkte? Können wir eine vitaminreiche Mango, die aus Peru eingeflogen wurde, überhaupt guten Gewissens kaufen?

"Bio" ist nicht gleichbedeutend mit "fair gehandelt". Und: Fair gehandelte Bio-Produkte haben mitunter enorme Lieferwege hinter sich, was dem ökologischen Fußabdruck der Konsumenten nicht zuträglich ist. Hinzu kommt noch, dass die Sortenvielfalt an Obst und Gemüse in unseren Supermärkten abnimmt, was uns die bewusste Auswahl nicht einfacher macht.

Doch auf dem Weg zwischen Perfektionismus und Resignation begegnet uns der *gesunde Menschenverstand* wieder. Mit seiner Hilfe lernen wir beim bewussten Umgang mit Lebensmitteln ganz zwanglos Prioritäten zu setzen. Ganz von selbst entscheiden wir uns immer häufiger für vorwiegend unverarbeitete Lebensmittel, für saisonale, regionale und biologische Produkte.

... die Freude am guten Essen

Der Journalist Michael Pollan, der sich seit Jahren mit Lebensmitteln und Essenskultur beschäftigt, gibt uns folgenden Gedanken mit auf den Weg:

*"Essen Sie nah am Ursprung:
Je kürzer die Nahrungskette,
desto gesünder wird das Essen sein."*

Wir erkennen, dass unser Interesse an Nachhaltigkeit, fairem Handel, Sortenvielfalt und unser ökologisches Bewusstsein nicht im Widerspruch zu Genuss und Lebensfreude stehen. Ganz im Gegenteil! Es bereitet große Freude, das Wissen um eine selbstbestimmte Ernährung an unsere Kinder weiterzugeben.

Ein paar Worte zum Aufbau und zu den Angaben in unseren Rezepten:

Wir verzichten wann immer möglich auf dogmatische Angaben. Wir möchten Sie alle, die das Buch in Händen halten, dazu animieren zu experimentieren. Beschäftigen Sie sich beim Kochen mit den Lebensmitteln, kann das unterschiedlich lange dauern. Weil wir wissen, dass man nicht jeden Tag Zeit und Muße hat, alles frisch zu verarbeiten, sollte jeder selbst entscheiden, wann der Griff zu einer zeitsparenden Alternative sinnvoll ist. Dabei sind Tiefkühlobst und -gemüse den Konserven auf jeden Fall vorzuziehen. Sie werden in der Regel vitaminschonend verarbeitet und so ist die TK-Variante oft noch genauso gesund wie frisch verarbeitetes Obst und Gemüse.

Unsere Rezepte orientieren sich am regionalen Saisonkalender. Trotzdem finden sich unter unseren Zutaten immer wieder auch Lebensmittel und Gewürze, die nicht aus der Region stammen. Das ist der Vielfalt der Rezepte sowie dem Geschmack und dem Nährstoffgehalt unserer Speisen geschuldet.

Zu jedem Rezept machen wir folgende Angaben, die Ihnen als Anhaltspunkte dienen und Ihre Planung vereinfachen sollen:

Wie viele Personen werden satt?
(Diese Angabe variiert von Rezept zu Rezept.)

Wie lange dauert die Zubereitung?
(Arbeitszeit + evtl. Ruhe- / Garzeit)

Wir haben die meisten Rezepte um ausgewählte Informationen über einzelne Lebensmittel ergänzt. Wenn wir Ihnen damit einige Denkanstöße für Ihre persönliche selbstbestimmte Ernährung geben können, freut es uns.

Im Anhang haben wir sowohl die Rezepte als auch die Zusatzinformationen alphabetisch verzeichnet.

Bevor Sie sich den Rezepten zuwenden, möchte ich Ihnen vor allem eines ans Herz legen: Haben Sie viel Freude beim Auswählen und genießen Sie das Zubereiten der Lebensmittel mit allen Sinnen!

Ich wünsche einen guten Appetit!

Nicole Leopold

Manuela Huber ...

Was ist das Besondere an Deiner Art zu kochen?

Früher habe ich meine Art zu kochen nicht für etwas Besonderes gehalten. Nachdem ich diese Frage seit einiger Zeit aber immer wieder gestellt bekomme, habe ich mir darüber Gedanken gemacht, warum meine Gerichte so schmecken wie sie schmecken. Ich denke, es ist meine ganz persönliche Art, während der Essenszubereitung gedanklich bei der Sache zu sein. Das Zubereiten und Gestalten mit meinen Händen sowie die innere Ruhe sind wichtige Faktoren dabei. Auch das Ambiente und die mithelfenden Personen tragen zu einem gelungenen Essen bei, sofern ich das Gericht nicht alleine zubereite.

Worauf legst Du beim Kochen besonders viel Wert?

Ich versuche immer mit Ruhe und gut vorbereitet ans Werk zu gehen. Die Essenszubereitung beginnt also bereits mit einem vollständigen Einkaufszettel. Zum Einkaufen plane ich genügend Zeit ein und achte vor allem auf die Frische der Lebensmittel.

Was macht Deine Küche aus?

Wenn meine Speisen den Gaumen der Genießer verwöhnen, dann war ich beim Kochen mit meinem Herzen verbunden. Seit meiner Anstellung als Mitarbeiterin für pädagogisches Kochen im Waldorfkindergarten ist mir dieser Aspekt ganz besonders wichtig. Was die Auswahl der Gerichte betrifft, sammle ich Rezepte, die mir im Laufe meines Lebens begegnen und die mich bereichern. Wenn sie mich wirklich überzeugen, verwende ich sie hin und wieder originalgetreu weiter. Oft ändere ich sie ab oder probiere Variationen aus. Dazu möchte ich auch alle ermuntern, die meine Rezepte nachkochen: Variieren und experimentieren Sie!

Welche Lebensmittel bevorzugst Du?

Für Gewürze und erprobte Gewürzmischungen kann ich mich besonders begeistern. Die heimischen und exotischen Lebensmittel spielen die zweite Hauptrolle. Doch es sind die Gewürze, die mich inspirieren und die Lebensmittel auffordern, zu einer Speise werden zu dürfen und nicht umgekehrt.

Beim Getreide schaue ich immer zweimal hin. Dinkel liefert mehr Eiweiß und wird oft besser vertragen als Weizen. Darum ersetzte ich sowohl in meinem Speiseplan als auch in der Kindergartenküche Weizen zu 85 Prozent durch Dinkel. Ich verwende ganz bewusst die Dinkel-Variante bei Nudeln, Brot, Semmelbröseln sowie Mehl zum Kuchen backen und Soßen binden.

Was hat für Dich Priorität: Bio, regional oder fairtrade?

Fairtrade und *bio* sind für mich gleichermaßen wichtig. Regionale Produkte ziehe ich nur dann vor, wenn ich weiß, dass sie nicht belastet sind. Auf ein Biosiegel kommt es mir dabei nicht an. Es gibt einige Landwirte, die kein Biosiegel haben, aber dennoch auf Spritz- und Düngemittel verzichten.

Gibt es ein Lieblingsrezept aus Deiner Kindheit, das Du heute noch gern kochst?

Oh ja, es ist die selbstgemachte Tomatensuppe von meiner Mutter. Sie hat diese aus frischen Tomaten zubereitet, die mit frischen Zwiebeln in Butter angedünstet wurden. Am Ende hat sie ein geschlagenes Ei in die Suppe gerührt und diese mit gehackter Petersilie verfeinert. Ich gebe bei meiner Tomatensuppe (Rezept S. 66) nur noch ein wenig Karotten mit dazu.

Wer sind Deine Vorbilder beim Kochen?

Feste Vorbilder habe ich nicht, doch es gibt zwei Köche, die mich faszinieren:

Die Küche des Engelbert Simonaficius (Inhaber des Bernstein Hofes in Altdorf/Niederbayern), seine Präsentation der Speisen sowie seine Art zu kochen beeindrucken mich seit meiner Zeit im Hotelfach in Niederbayern nachhaltig. Und in Yotam Ottolenghis Kochbüchern schmökere ich seit einigen Jahren gerne.

Was macht Dich als Köchin glücklich?

Wenn ich von den Kindern selbst oder ihren Eltern positive Rückmeldungen bekomme, freut mich dieses Lob besonders. Zu spüren, dass ich Kinder mit meiner Küche glücklich mache, ist die größte Anerkennung für meine Arbeit als Köchin. Immer wieder werde ich von Eltern gezielt nach Rezepten gefragt. Nun freue ich mich, dass ich mit diesem Buch viele Antworten auf einmal geben kann.

Kochen bedeutet für mich …

… Lebensfreude! Kochen macht für mich zu einem großen Teil die Freude am Leben erfahrbar. Deshalb bin ich dankbar dafür, dass ich meine berufliche Tätigkeit täglich aufs Neue ausüben darf.

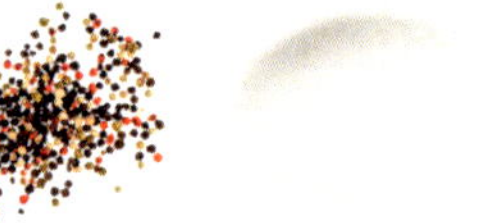

Kreativ kochen – mit den Jahreszeiten

Kochen und Natur – eine Rückbesinnung auf den Rhythmus der Natur

Frische Beeren im Winter haben inzwischen ihren festen Platz in unseren Supermärkten. Zahlreiche Obst- und Gemüsesorten können wir das ganze Jahr über einkaufen – egal wo auf dieser Welt sie gewachsen sind. Selbst Lebensmittel, die bei uns Saison haben, werden mitunter aus anderen Teilen der Welt importiert.

Möchten wir das? Und: Brauchen wir das? Erdbeeren im Winter und Lauchzwiebeln aus Ägypten?

Welche Sorten werden hierzulande angebaut, und wann wird regionales Obst und Gemüse geerntet? Saisonkalender geben uns darüber Auskunft. Auf den Feldern und möglicherweise im eigenen Garten können wir hautnah beobachten, was wächst und reift. In der saisonalen Küche landet auf dem Teller, was gerade frisch geerntet wird. Achten Sie beim Einkaufen auf die Herkunft von Obst und Gemüse, stellen Sie ebenfalls fest, welche Sorten bei uns Erntezeit haben.

Zugegeben: Auf Bananen möchte ich nicht verzichten, ebenso wenig auf Süßkartoffeln und Avocados. Auch eine Südfrucht bereichert hin und wieder meinen Speiseplan. Für diese Lebensmittel danke ich unserer globalisierten Marktwirtschaft.

Die saisonale Bio-Küche jedoch ist nachhaltiger. Es entfällt die Energie, mit der Lebensmittel weiterverarbeitet, konserviert und transportiert werden. Im Idealfall kommen die Lebensmittel sogar ohne Plastikverpackung aus.

Wie steht es bei allem Sinn für Nachhaltigkeit aber um die gesundheitlichen Aspekte unserer Lebensmittel? Je biodynamischer und frischer, desto besser, klar. Aber liefert uns heimisches Obst und Gemüse alle Nährstoffe, die wir brauchen – auch im Winter?

Unser Tipp: Machen Sie keine Wissenschaft aus Ihrem Einkauf, aber kaufen Sie bewusst ein. Greifen Sie häufiger zu saisonalen, regionalen und biologischen Produkten. Ergänzen Sie diese ganz bewusst hin und wieder mit allem, was zusätzlich wertvolle Nährstoffe liefert, obwohl es nicht aus heimischem Anbau stammt. Und vor allem: Kaufen Sie mit Freude ein.

Erfreuen Sie sich im Frühjahr an Erdbeeren, Spargel und Bärlauch. Genießen Sie im Sommer und im Herbst die reichhaltige Auswahl, die uns der regionale Obst- und Gemüsemarkt bietet. Schränken Sie sich im Winter bewusst ein wenig ein auf die abnehmende Vielfalt und freuen Sie sich umso mehr auf das kommende Frühjahr.

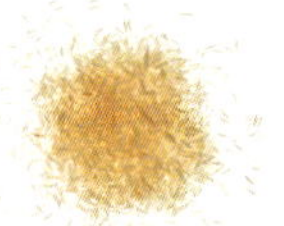

Kochen und Politik – welchen Einfluss hat der Mensch

In unserer ausgeprägten Konsumgesellschaft wird uns suggeriert, dass uns Zeitersparnis in der Küche mehr freie Zeit für Wichtigeres beschert. Kochen ist uns lästig geworden. Wir sehen uns im Supermarkt vor Regalen mit Fertiggerichten, Konserven und Tiefkühlkost stehen und lassen uns nur allzu gerne verführen.

Von dem Betrag, den wir Konsumenten für Nahrungsmittel ausgeben, landet der Löwenanteil bei der Lebensmittelindustrie. Die Landwirte gehen zunehmend leer aus. Fragen wir uns, ob wir etwas dazu beitragen können, unsere Nahrungsmittelwirtschaft dahingehend zu beeinflussen, sozialverträglicher und nachhaltiger zu produzieren, so lautet die Antwort: Ja! Überdenken wir unser Konsumverhalten, auch im Hinblick auf die nachfolgenden Generationen. Und: Geben wir der Freude am Zubereiten von echten Lebensmitteln eine Chance!

Kochen und Magie – willkommen in der Zauberschule

Mágeiras ist das altgriechische Wort für *Koch* und hat mit unserem Wort *Magie* den etymologischen Wortstamm *mageia* (Zauberei) gemeinsam. Der Gedanke an die Verwandtschaft von Kochen und Magie veranlasst mich zu einer kleinen Zeitreise zurück in Kindertage, in die Küche meiner Oma, in der es herrlich duftete, mal nach frisch eingekochter Marmelade, oft nach Kuchen und am Wochenende nach einem Sonntagsbraten. Stundenlang war die große Magierin singend und fröhlich zugange und zauberte mit ihren zahlreichen Gehilfinnen und Gehilfen ein Festessen für uns alle – jenseits politischer Ambitionen, allein in dem Bewusstsein, die Familie um den gemeinsamen Tisch zu vereinen.

Kochen und Kreativität – lassen Sie Ihrer Phantasie freien Lauf

Auf den folgenden Seiten zeigen wir exemplarisch für einige Mahlzeiten, wie man Rezepte an die jeweilige Jahreszeit anpassen kann. Wir haben ein Frühstück (Frischkornbrei), ein Hauptgericht (Risotto), eine Nachspeise (Joghurt mit Fruchtmus) und eine Brotzeit (Dip) ausgewählt. Prinzipiell können aber sehr viele Rezepte variiert werden. Dazu möchten wir Sie ausdrücklich ermuntern. Beantworten Sie für sich die folgenden Fragen: Was hat gerade Saison? Was liegt in meinem Kühlschrank und muss aufgebraucht werden? Worauf haben wir gerade Appetit? Und nun: Viel Freude in Ihrer magisch-kreativen Küche!

Getreide

Ein rohes Getreidekorn ist dazu bestimmt, zu keimen und zu wachsen. Dazu benötigt es in erster Linie Flüssigkeit, um zu quellen und sich auf die Keimung vorzubereiten. Während diesem Prozess baut das Korn seine Antinährstoffe ab, die es bisher geschützt und für uns unbekömmlich gemacht haben. Weicht man Getreide acht bis zehn Stunden ein, werden die Nährstoffe im Korn frei und es wird für unseren Darm bekömmlich. Vorheriges Schroten und anschließendes sanftes Erwärmen erhöht diesen Effekt.

Möchte man auf vorbehandelte Industrieware verzichten, kann man hochwertiges Getreide zuhause selbst schroten.

Je nach dem für welches Getreide man sich entscheidet, sollte man berücksichtigen, dass die einzelnen Sorten unterschiedlich leicht quellen. Dinkel etwa benötigt mehr Zeit zum Quellen als Hafer. Darum empfehlen wir für diesen Brei, Dinkel-Kleinblatt-Flocken und kernige Haferflocken oder groben Haferschrot zu verwenden.

Getreide-Frühstück mit Joghurtsahne

Frischkornbrei

4 Tassen	kernige Hafer- und/oder Dinkel-Kleinblatt-Flocken
6 Tassen	Wasser
200 ml	Sahne
1 kg	Naturjoghurt (3,5 % Fett)
3	Bananen
2	Äpfel
2 EL	gehackte Walnüsse
2-3 EL	verschiedene Kerne nach Geschmack
etwas	Honig zum Süßen

weiteres Obst nach Jahreszeit

250 g	Erdbeeren (Frühling)
250 g	Waldbeeren (Sommer)
250 g	Pflaumen (Herbst)
2-3 EL	Rosinen, in Apfelsaft eingeweicht (Winter)

Zubereitung

- Die Getreideflocken im Wasser mindestens 2 h, am besten über Nacht ausquellen lassen. Sollte der Brei dann noch zu flüssig sein, etwas Haferflocken dazugeben oder den Brei unter Rühren sanft erwärmen.

- Das frische Obst waschen und wenn möglich ungeschält in mundgerechte Stücke schneiden. Mit den Nüssen unter den Getreidebrei heben. 4 EL von der Sahne und 500 g Naturjoghurt untermischen und das Müsli mit Honig abschmecken. Wenn Sie Beeren verwenden, heben Sie diese erst jetzt vorsichtig unter.

- Die restliche Sahne mit dem Handrührgerät fast steif schlagen, unter das restliche Joghurt heben und als Topping dazu reichen.

Tipp

Sonnenblumen- und Kürbiskerne, Leinsamen, Mandeln und Nüsse aller Art sorgen für zusätzlichen Biss und reichern das Müsli mit wertvollen Fettsäuren an. Auch Sesamsamen und Kokosflocken passen gut dazu. Kurz und ohne Fett in einer Pfanne angeröstet entfalten sich ihre Aromen noch besser. Chiasamen quellen gut, 1-2 TL können bereits mit dem Getreide angesetzt werden.

Jahreszeiten-Risotto

jeweils 4 Personen

jeweils 50 Minuten

Für alle Rezepte

300 g	Risotto- oder Milchreis
3 EL	Butter oder Olivenöl
150 ml	trockener Rot- oder Weißwein
800 ml	heiße Gemüsebrühe
60+60 g	ger. Parmesan/Peccorino (zu Schwarzwurzeln Frischkäse) Salz + Pfeffer

Im Frühling mit Bärlauch

2	Schalotten
ca. 40 g	Bärlauch

Im Sommer mit Tomaten

1	Zwiebel (mittelgroß)
1	Knoblauchzehe, fein geschnitten
2 große	frische Tomaten
1 EL	Tomatenmark
100 ml	Sahne

Im Herbst mit Champignons

3	Schalotten
1	Knoblauchzehe, fein geschnitten
400 g	Egerlinge oder Champignons
1 Bund	Petersilie
	Muskatnuss

Im Winter mit Schwarzwurzeln

3	Frühlingszwiebeln
300 g	Schwarzwurzeln (frisch oder aus dem Glas)
3 EL	Zitronensaft (bei Bedarf)
1 EL	Meerrettich
1 Prise	Kurkuma

Gemüse vorbereiten

- Schalotten/Zwiebeln/Knoblauch waschen, schälen und in feine Ringe/Stücke schneiden.

- **Bärlauch** waschen, abtropfen lassen und klein hacken.

- **Tomaten** am Kopf kreuzweise einritzen. Tomaten kurz in kochendes Wasser geben und kalt abschrecken. Häuten, entkernen und in kleine Würfel schneiden.

- **Champignons** putzen, in Stücke schneiden und in 1 EL Butter mit einer Schalotte etwa 3 Min. andünsten.

- **Schwarzwurzeln** in 1 ½ cm lange Stücke schneiden. Sud aus dem Glas zum Einkochen aufheben. Frische Stangen zuvor putzen, schälen (dazu Handschuhe tragen) und 20-30 Min. in Zitronenwasser garkochen.

Zubereitung

- In einer hohen Pfanne 1 EL Fett erhitzen. Schalotten/ Zwiebeln/Knoblauch dazu geben, unter Rühren etwas andünsten, Reis dazugeben und glasig dünsten.

- Mit dem farblich passenden Wein ablöschen. Unter Rühren verkochen lassen und nach und nach die heiße Brühe (und den Sud) angießen, bis der Reis bedeckt ist. Sobald die Flüssigkeit verkocht ist, nachgießen.

- Für das **Tomaten-Risotto** Tomatenmark noch vor dem Ablöschen untermischen. 15 Min. später Tomatenwürfel unterziehen und das Ganze langsam gar köcheln lassen. Zum Schluss die Sahne dazugeben.

- Kurz bevor der Reis gar ist, den Käse – sowie für die Frühlings-Variante den **Bärlauch,** im Herbst die **Pilze** und im Winter die vorgegarten **Schwarzwurzeln** – gut untermischen. Kräftig mit Salz, Pfeffer, der restlichen Butter, im Herbst mit Muskatnuss und im Winter mit Meerrettich und Kurkuma abschmecken.

Für (mehr als) 4 Jahreszeiten

Für experimentierfreudige Köche und Kö-
chinnen sind Dips eine wahre Spielwiese.
Hier kann man nach Herzenslust Zutaten
kombinieren und herausfinden, was zusam-
menpasst. Wir freuen uns, wenn wir Ihnen
mit unserer vielseitigen Zusammenstellung
Mut machen, bei anderen Rezepten ebenso flexibel ans Werk zu gehen!

Unser Dip-Tipp

Kreieren Sie Ihren Dip aus nicht mehr als
zwei geschmacksintensiven Hauptzutaten
(z.B. Aubergine und Oliven), nicht zu
vielen verschiedenen Gewürzen und einer
Basis z.B. aus Joghurt, Quark, (Ziegen-)
Frischkäse, Crème fraîche oder Sauerrahm.
Salz und Pfeffer dazu – fertig.

Dip-Variationen

jeweils 4 Portionen

jeweils 15 Minuten

Dreierlei sommerliche Gurken-Dips

Gurke-Ziegenfrischkäse

1	Gurke
6	grüne kernlose Oliven
300 g	Ziegenfrischkäse, natur
1 TL	Zitronensaft
5 EL	Olivenöl
	Salz & Pfeffer

♦ Gurke längs halbieren, entkernen und würfeln. Oliven in kleine Stückchen schneiden. Alle Zutaten in eine hohe Schüssel geben und pürieren. Mit Salz und Pfeffer abschmecken.

Gurke-Minze

1	Gurke
½	Zwiebel
5 EL	weißer Balsamico
1½ TL	Rohrzucker
40 ml	Wasser
2 - 3 Stängel	Minze
1 Prise	Chili oder Pul Biber

♦ Gurke längs halbieren, entkernen, würfeln und pürieren. Zwiebel schälen und ebenso wie die Minzeblätter fein hacken. Alle Zutaten gemeinsam noch einmal kurz pürieren. Mit Chili aus der Mühle pikant abschmecken.

Gurke-Curry

1	Gurke
300 g	Naturjoghurt (mind. 3,8% Fett)
100 g	Mayonnaise
1 EL	Curry
etwas	Paprikapulver, edelsüß
	Salz & Pfeffer

♦ Gurke längs halbieren, entkernen und würfeln. Alle Zutaten in ein hohes Gefäß geben und pürieren. Mit Salz, Pfeffer und Paprikagewürz abschmecken.

Tomaten-Kräuter-Aufstrich

400 g	Frischkäse oder 1:1 Frischkäse/Quark
8 - 10	getr. Tomaten in Öl
1	Knoblauchzehe
1 kleine	rote Zwiebel
1 Bund	frisches Basilikum
1 TL	getrockneter Thymian
1 TL	Oregano/Majoran
evtl. 1	getrocknete Chili
	Salz & Pfeffer

♦ Tomaten und Knoblauchzehen klein schneiden. Anschließend alle Zutaten in eine Schüssel geben und mit dem Pürierstab einige Sekunden pürieren. Mit den Kräutern, Salz und Pfeffer abschmecken.

Drei frühlingsleichte Dips

Schnittlauch-Sauerampfer

150 g	Naturjoghurt
100 g	Sauerrahm
100 g	Crème fraîche
100 g	Quark
1 EL	gehackte gemischte Gartenkräuter (TK oder frisch)
1 Bund	Schnittlauch
5 Blatt	Sauerampfer
½ TL	Salz
	Pfeffer

- Schnittlauch und Sauerampfer klein hacken. Naturjoghurt mit den Gartenkräutern, je 1 TL Schnittlauch und Sauerampfer pürieren. Anschließend alle anderen Zutaten dazugeben und mit einer Gabel cremig verrühren. Den Dip mit Salz und Pfeffer abschmecken.

Radieschen-Möhre

60 g	Radieschen
2 kleine	Möhren
½ Bund	Petersilie
2	Frühlingszwiebeln
200 g	Frischkäse
200 g	Quark, Rahmstufe
1 gestr. TL	Salz
½ TL	Pfeffer

- Radieschen waschen, Möhren schälen und das Gemüse von Hand oder im Mixer zerkleinern. Gehackte Petersilie, in Röllchen geschnittene Frühlingszwiebeln, Frischkäse, Quark, Salz und Pfeffer dazugeben und alles gemeinsam cremig pürieren.

Ziegenfrischkäse-Kresse

4	Eier
1	Gurke
200 g	Ziegenfrischkäse
4 TL	Dijon-Senf
4 TL	Zitronensaft
4 TL	Olivenöl
2 Kästchen	Gartenkresse
1 gestr. TL	Curry (z.B. Madras und Sonnenkuss)
	Salz
	Pfeffer

- Die Eier hartkochen, abschrecken, schälen und abkühlen lassen. Frischkäse mit Senf, Zitronensaft und Olivenöl glattrühren. Mit Curry, Salz und Pfeffer würzen. Gurke längs halbieren, entkernen und wie die Eier sehr klein würfeln. Mit der Kresse unter den Dip mischen.

Im Herbst und Winter aufs Brot ...

Auberginen-Feta-Creme

1 gr.	Aubergine
2	Knoblauchzehen
8	schwarze Oliven
250 g	Schafskäse (Feta)
3 EL	Olivenöl
1 TL	getrockneter Oregano
1 TL	Paprikapulver, edelsüß
	Salz & Pfeffer

+ 40 Min. Backen

◆ Backofen auf 200° vorheizen. Die Aubergine halbieren und mit der Schnittfläche nach oben ca. 40 Min. grillen. Abkühlen lassen und Fruchtfleisch mit einem Löffel von der Haut lösen. Alle Zutaten würfeln, in eine hohe Schüssel geben und pürieren. Mit Oregano, Paprika, Salz und Pfeffer abschmecken.

Kürbis-Gemüse-Aufstrich

150 g	Kürbisfleisch
130 g	Paprika + Sellerie
50 g	Sonnenblumenkerne
40 g	getr. Tomaten (ohne Öl)
1 EL	frisch gepr. Zitronensaft
1 TL	rote Currypaste
3 EL	Kokosmilch
1 EL	Leinöl
1 EL	Agavendicksaft
	Petersilie, Salz, Pfeffer, Curry, Kurkuma, Ingwer, Chili, Paprikapulver

◆ Sonnenblumenkerne und getr. Tomaten in Wasser einlegen. Gemüse würfeln, Zutaten in eine hohe Schüssel geben und pürieren. Je nach Konsistenz die Flüssigkeiten etwas variieren. Nach Geschmack mit Petersilie und Gewürzen abschmecken.

Maronen-Ziegenfrischkäse-Dip

150 g	vorgegarte Maronen
2 EL	Olivenöl
1	Knoblauchzehe
1 EL	Schnittlauch-Röllchen
75 g	Frischkäse
200 g	Ziegenfrischkäse
1 EL	flüssiger Honig
2 EL	Traubenkern-/Nussöl
1 EL	Frucht- oder Weißweinessig
	Salz & Pfeffer

◆ Maronen grob hacken und in heißem Olivenöl 2-3 Min. rösten. Knoblauch fein hacken, Schnittlauch in feine Röllchen schneiden. Beide Frischkäse mit Honig, Nussöl, Knoblauch, Maronen und Schnittlauch verrühren. Mit Salz, Pfeffer und Essig pikant abschmecken.

Alternative Süßungsmittel

Die WHO empfiehlt, nicht mehr als 20 bis 40 Gramm zugesetzten Zucker pro Tag aufzunehmen. Zu viel davon kann unter anderem zu Karies, Übergewicht, Diabetes und in der Folge zu Gelenk- und Herz-Kreislauf-Erkrankungen führen.

In unseren Rezepten verzichten wir weitestgehend auf Haushaltszucker und verwenden gesündere und meist auch nachhaltigere Alternativen, wie Honig, Ahornsirup oder Agavendicksaft. Eine besonders nährstoffreiche aber nicht ganz billige Alternative ist der Kokosblütenzucker. Er lässt den Blutzuckerspiegel nur langsam ansteigen und ist reich an Kalium, Magnesium, Eisen, Bor, Zink, Schwefel und Kupfer.

Joghurt + Fruchtmus mit Haferkrokant

10 Portionen
30 Minuten

Für alle Rezepte

1½ kg	Naturjoghurt (3,5% Fett)

Für den Haferkrokant:

300 g	Haferflocken
6-8 EL	Pflanzenöl (z.B. Traubenkernöl)
6-8 EL	Süßungsmittel (z.B. Zuckerrüben-Sirup, Agaven-dicksaft, Honig oder Kokosblü-tenzucker)

Fruchtmus nach Jahreszeit

500 g	Erdbeeren (Frühling) oder
500 g	Waldbeeren (Sommer) oder
500 g	entsteinte Pflaumen (Herbst) oder
6	reife Birnen und
6 EL	Rosinen (Winter)

1-2 EL	Zitronensaft
3-4 EL	Johannisbrotkernmehl
etwas	Agaven- oder Birnendicksaft

alternativ:

500 g	Fruchtmus im Glas (z.B. Frucht Pur von Allos)

Zubereitung

- Für das Fruchtmus das jeweilige Obst mit Zitronensaft, Johannisbrotkernmehl und Dicksaft nach Geschmack mit dem Pürierstab in einem hohen Gefäß mindestens 3 Min. pürieren. Rosinen erst danach zugeben. Die Masse dickt in den nächsten 10 Min. nochmal an. Sollte das Mus noch zu dünnflüssig sein, noch etwas Johannis-brotkernmehl zugeben und Mixvorgang wiederholen.

- Für den Krokant alle Zutaten in einen beschichteten Topf oder eine Pfanne geben. Bei relativ großer Hitze unter ständigem Rühren anrösten. Dabei immer die unterste Lage nach oben wenden, damit nichts an-brennt. Sobald ein süßlicher Karamellgeruch aufsteigt, dauert es nur noch 1-2 Min., bis die Farbe zu goldgelb bis hellbraun wechselt. Ist der gewünschte Bräunungs-grad erreicht, vom Herd nehmen und sofort in eine hitzebeständige kalte Schüssel umfüllen.

- 10 Dessertgläser (200 ml) mit jeweils 50 g Fruchtmus und 150 g Joghurt befüllen und kühl stellen. Den Krokant am besten erst unmittelbar vor dem Servieren herstellen, kurz abkühlen lassen und über das Joghurt streuen.

Tipp

Für das Fruchtmus lassen sich sehr gut Obstreste verwer-ten. Probieren Sie auch die Kombination verschiedener Obst- und Beeren-Sorten. Wenn Sie Bananen verwenden, reduzieren Sie das Johannisbrotkernmehl und das Süßungsmittel entsprechend.

Frühling in der Luft – und auf dem Teller

Frisch und knackig – sehen Sie es?
Die Tage werden länger, die Zahl der täglichen Sonnenstunden nimmt zu, die Farben der Natur werden nach und nach wieder vielfältiger und bunter.

Luftig und süß – riechen Sie es?
Alles was in der Natur blüht und sprießt verströmt einen verheißungsvollen Duft, der uns mit Vorfreude erfüllt.

exotisch an – die Zugvögel sind zurückgekehrt und bereichern jetzt wieder den heimischen Chor.

**Aromatisch und zart:
So schmeckt der Frühling!**

Kaum sinken die Temperaturen nicht mehr dauerhaft unter den Gefrierpunkt, schieben sich schon im März die ersten

Er ist's

Frühling läßt sein blaues Band
Wieder flattern durch die Lüfte;
Süße, wohlbekannte Düfte
Streifen ahnungsvoll das Land.
Veilchen träumen schon,
Wollen balde kommen.
– Horch, von fern ein leiser Harfenton!
Frühling, ja du bist's!
Dich hab' ich vernommen!

(Eduard Friedrich Phillip Mörike, 1829)

Zärtlich und sanft – fühlen Sie es?
Die Sonnenstrahlen lassen im März die letzten Schneereste schmelzen und wecken langsam aber beharrlich unsere wintermüden Geister.

Aufgekratzt und munter – vielleicht hören Sie es ja auch?
In der Früh werden wir vom fröhlichen Gezwitscher emsiger Singvögel geweckt, noch ehe der Wecker eine Chance hat, uns aus dem Schlaf zu reißen. Der Vogelgesang ist vielfältig und mutet ein wenig

Gartenkräuter vorsichtig aber beharrlich aus der noch winterharten Erde. An den Laubbäumen zeigen sich die ersten zarten Knospen, und noch bevor sich daraus Blätter entfalten, lockt uns der Bärlauch in den Wald. Nach und nach erblühen die Obstbäume, und endlich finden wir wieder heimisches Obst und Freilandgemüse auf dem Markt.

Salat, Radieschen, Erbsen, Möhren, Kohlrabi, Spargel und Erdbeeren schmecken frisch vom Feld besonders aromatisch, und

sie sind reich an Vitalstoffen. Das erntefrische Obst und Gemüse versorgt unseren Körper mit wichtigen Vitaminen, Mineralstoffen, Ballaststoffen und sekundären Pflanzenstoffen, und das Gemüse hat obendrein wenig Kalorien. Genießen wir drei Portionen Gemüse und zwei Portionen Obst am Tag, stärkt das unsere Widerstandskraft und kann uns vor Zivilisationskrankheiten, wie Bluthochdruck und Herz-Kreislauf-Erkrankungen, schützen.

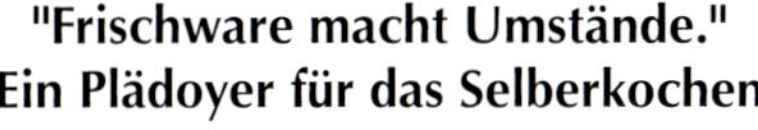

Unser Appetit wird unbewusst beeinflusst von dem, was wir mit unseren Sinnen wahrnehmen. Halten wir uns jetzt wieder mehr im Freien und an der frischen Luft auf, und werden wir aktiver, fördert das den Appetit auf leichte, saftige und würzige Speisen. Unser Körper verbraucht nun mehr Wasser und Mineralstoffe. Folglich verlangt er nach Speisen, die diesen Bedarf ausgleichen.

"Frischware macht Umstände." Ein Plädoyer für das Selberkochen

Der amerikanische Marktforscher Harry Balzer, der seit Jahrzenten die Ess- und Trinkgewohnheiten der Amerikaner studiert, hat das Dilemma, in das uns frische Lebensmittel stürzen können, auf den Punkt gebracht: sie wollen zubereitet und gegessen werden, ehe sie verderben. Ihre Haltbarkeit ist begrenzt. „Frischware macht Umstände." Die dramatischen Folgen sehen wir heute: Immer mehr Menschen, zunehmend auch Kinder, plagen Übergewicht und Krankheiten infolge von ungesunder Ernährung. Darüber hinaus können wir eine bedenkliche Schieflage in der Lebensmittelwirtschaft beobachten: Harry Balzer hat herausgefunden, dass 80 Prozent der Summe, die Amerikaner heute für Nahrungsmittel ausgeben, an Lebensmittelproduzenten gehen; für die Landwirte selbst bleiben nur noch 20 Prozent. Ohne es belegen zu können, sind hierzulande sicher ähnlich dramatische Zahlen zu befürchten.

Aber: Die Umstände, die uns Frischware macht, lohnen sich vielfach: Selbstgekochtes Essen ist gesünder und schmeckt besser! Der Umgang mit frischen Zutaten schult unsere Sinne und unsere Kreativität! Die Küche kann ein Ort der Kommunikation sein: Der Duft, der beim Kochen die Küche verlassen darf, zieht möglicherweise Familienmitglieder an, die kosten, helfen oder einfach nur kommunizieren wollen. Mit unserem Kaufverhalten können wir Einfluss auf Wirtschaft und Politik ausüben! Und nicht zuletzt ist der Umgang mit frischen Lebensmitteln auch spannend und macht sehr viel Freude!

2 Frühlings-Dressings auf Vorrat

Joghurt-Kräuter-Vinaigrette

250 g	Joghurt
250 g	Sauerrahm
100 ml	Sahne
½ Pk	6-Kräuter-Tiefkühlmischung
1 EL	mittelscharfer Senf
1 TL	Rohrzucker
½ TL	Salz
4 EL	Traubenkernöl
2 EL	weißer Balsamico-Essig

Balsamico-Vinaigrette

200 ml	brauner Balsamico-Essig
100 ml	Wasser
180 ml	Traubenkern- oder Olivenöl
2	Knoblauchzehen
2 TL	Salz
2 EL	Rohrzucker

1 Salatplatte für 6 Personen

½	Eichblattsalat
½	Eisbergsalat
4-5	Strauchtomaten
1-2	Karotten
½ Glas	Maiskörner
6-8	Radieschen
2-3 EL	in Knoblauch geröstete Dinkelbrotwürfel

Zubereitung

- Alle Zutaten für die jeweilige Vinaigrette in eine hohe Schüssel geben und mit dem Standmixer oder einem Pürierstab etwa 1 Min. sämig aufschlagen.
- Die Blattsalate waschen, trockenschleudern und klein zupfen. Karotten schälen und grob raspeln. Tomaten und Radieschen waschen und klein schneiden.
- Die Rohkost mit dem Mais auf einer Platte anrichten. Unmittelbar vor dem Servieren die Soße darüber gießen und erst zum Schluss die Brotwürfel darüber streuen.

Tipp

Beide Vinaigretten sind in einem Schraubglas aufbewahrt und im Kühlschrank gelagert mindestens 3 Wochen haltbar. Darum lohnt es sich meist, diese Menge auf Vorrat zuzubereiten.

Passt zu

Die Balsamico-Vinaigrette passt auch hervorragend zu Tomaten mit Mozzarella. Pürieren Sie etwas frisches Basilikum hinein, so wird daraus ein aromatisches Sommerdressing.

Spitzkohlsalat mit Senfdressing

4 Portionen
25 Minuten

800 g	Spitzkohl
7 EL	weißer Balsamico-Essig
1 EL	mittelscharfer Senf
1 EL	Agavendicksaft (alternativ: Kokosblütensirup oder Honig)
5-6 EL	Olivenöl
½ TL	Kümmel
	Salz
	Pfeffer

Zubereitung

- Vom Spitzkohl die äußeren und unschönen Blätter entfernen, den Kohl vierteln und den Strunk keilförmig herausschneiden. Die Viertel quer in feine Streifen schneiden.

- Für das Dressing Balsamico, Senf und Agavendicksaft glattrühren und mit Kümmel, Salz und Pfeffer würzen. Spitzkohl mit dem Dressing vermengen. Das Öl wird erst zum Schluss über den Salat gegeben und gründlich untergemischt.

Spitzkohl

Kohl ist im Allgemeinen ein Wintergemüse – mit einer Ausnahme: Spitzkohl wird bei uns von Mai bis Dezember geerntet. Zwar ist Spitzkohl nah verwandt mit Weißkohl, doch er ist viel zarter und verträglicher als alle anderen Kohlsorten. Beim Einkaufen sollten Sie darauf achten, dass die äußeren Blätter grün und knackig sind. Gelbliche Blätter deuten auf eine bereits lange Lagerung hin.

Wie alle Kohlarten verfügt Spitzkohl über einen hohen Ascorbigen-Gehalt, woraus sich beim Kochen Vitamin C entwickelt. Allerdings sollte man ihn nur kurz und schonend erhitzen, da er sonst seinen zarten Geschmack und auch das entstandene Vitamin C wieder verliert. Vitamin B1, B2, Betakarotin und Kalium werten ihn gesundheitlich weiter auf.

Tipp

Etwas herzhafter wird der Salat, wenn Sie ein paar angebratene Speckwürfel darüber geben. Dazu schneiden Sie etwa 100 g Räucherspeck ohne Schwarte in sehr kleine Würfel. In einer Pfanne erhitzen Sie 1 EL Öl, lassen die Speckwürfel darin aus und braten sie rundherum kross an. Den Speck können Sie mit dem Dressing unter den Salat mischen oder als Dekoration darüber streuen.

Spargelcremesuppe

6 Personen 👪
35 Minuten ⊘

750 g Spargel

1 ¼ l Wasser
1 EL Zucker
1 TL Salz
1-2 dünne Zitronen-Scheiben

80 g Butter
80 g Dinkel-Mehl
1 EL Gemüsebrühe
200 ml Sahne

Schnittlauch zum
Garnieren

Zubereitung

- Spargel schälen und in Stücke schneiden. Wasser mit Salz, 1 Prise Zucker und den Zitronenscheiben zum Kochen bringen. Die Spargelstücke hinzugeben und in etwa 15 Min. weichkochen.

- Die Spargelstücke in ein Sieb abgießen, dabei das Spargelwasser auffangen.

- Die Butter im Suppentopf erhitzen und das Mehl darin anschwitzen lassen, bis es leicht duftet. Die Mehlschwitze mit der Spargelbrühe langsam auffüllen. Dabei zügig mit dem Schneebesen immer wieder glattrühren, so dass keine Klümpchen entstehen.

- Nach Geschmack mit der Gemüsebrühe abschmecken. Anschließend die Sahne langsam unterrühren. Die Suppe darf ab jetzt nicht mehr kochen. Mit Salz abschmecken und mit Schnittlauchröllchen bestreut servieren.

Schnittlauch

Der würzige und wohlschmeckende "Graslauch" enthält unter anderem Kalium, Calcium, Magnesium und Phosphor sowie eine beträchtliche Menge an Vitamin C. Weil sich Vitamin C schnell verflüchtigt, sollte der Schnittlauch erst kurz vor der Zubereitung geschnitten und möglichst frisch gegessen werden. So kann er seine Wirkung am besten entfalten.

Dem verkannten Heilkraut werden vielfältige positive Einflüsse auf unsere Gesundheit nachgesagt: So kann er beispielsweise bei Entzündungen und Frühjahrsmüdigkeit sowie zur Blutreinigung unterstützend eingesetzt werden.

Tipps

Auf die mitgekochten Bio-Zitronen-Scheiben (alternativ: etwas Zitronensaft) sollten Sie auf keinen Fall verzichten. Die Zitrone sorgt dafür, dass sich das Spargelaroma erst richtig entfalten kann!

Eine ausführliche Beschreibung zur Herstellung einer klassischen Mehlschwitze finden Sie auf S. 82.

Tierisches und pflanzliches Eiweiß

Das in Eiern enthaltene tierische Eiweiß (Protein) kann der menschliche Körper besonders gut verwerten. Bei fleischarmer oder vegetarischer Ernährungsweise kann der Bedarf an tierischem Eiweiß durch Eier gut ausgeglichen werden.

Proteine sind im Körper unersetzlich für den Aufbau von Muskeln und Sehnen. Außerdem spielen sie eine große Rolle für die Übertragung von Nervenimpulsen.

Neben Eiweiß und Fett enthalten Eier auch Mineralien (Calcium, Selen, Eisen) und Vitamine (B12, D und K).

Obwohl unser Stoffwechsel das in Eiern enthaltenes Eiweiß zu fast 100 Prozent, jenes in Hülsenfrüchten aber nur zu 40 bis 50 Prozent in Körpereiweiß verwandelt, sollte bei der Nahrungsaufnahme pflanzliches Eiweiß (z. B. enthalten in Getreide, Nüssen und Hülsenfrüchten) nicht vernachlässigt werden.

Eierstichsuppe

4 Personen 👨‍👩‍👧
20 Min. + 90 Min. Stocken 🕐

4	Eier (Größe M)
¼ l	Milch
1 Prise	Salz
1 Prise	geriebene Muskatnuss
1 TL	weiche Butter
1 Bund	Suppengemüse
1 l	Gemüsefond

Zubereitung

- Zwei ofenfeste Formen bereitstellen, die so ineinanderpassen, dass die kleinere Form zu etwa zwei Drittel im Wasser stehen kann, wenn die größere Form etwa zur Hälfte mit Wasser gefüllt wird. Die kleinere Glas- oder Kastenform mit Butter einfetten.

- Für den Eierstich Eier, Milch, Salz und Muskatnuss mit einem Schneebesen in einer Schüssel verquirlen. Anschließend die Eiermilch in die gefettete Form gießen. Mit Alufolie verschließen. Dabei die Ränder gut andrücken.

- In die größere Form stellen und so viel heißes Wasser angießen, dass das innere Gefäß zu etwa zwei Dritteln im Wasser steht. Die Eiermilch zugedeckt bei schwacher Hitze (knapp 100°) 90 Min. stocken lassen.

- In der Zwischenzeit die Gemüsebrühe zubereiten. Dazu das Suppengemüse nach Geschmack auswählen und in sehr kleine Stücke schneiden. In einem Topf mit Gemüsefond oder Gemüsebrühe zum Kochen bringen und bei schwacher Hitze so lange köcheln lassen, bis das Gemüse gar und der Eierstich fertig gestockt ist.

- Eierstich aus der Form stürzen. Eierstich lässt sich in viele Formen schneiden oder mit Plätzchenformen ausstechen. Unmittelbar vor dem Servieren zur Suppe geben.

Tipps

Der Eierstich kann nach Geschmack mit Kräutern und Gewürzen variiert werden. Dazu fein gehackte Kräuter oder Gewürze in die Eiermilch quirlen.

Ist die Temperatur beim Stocken zu hoch, wirft die Eiermilch unschöne Blasen. Darum sollte das Wasser beim Stocken nicht brodelnd kochen.

Geflügelhaltung

Der natürliche Lebensraum eines Huhns beträgt 475 Quadratmeter. Laut EU-Norm dürfen jedoch bei konventioneller Haltung 20, bei Bio-Haltung 6 Tiere pro Quadratmeter gehalten werden!

Mit der Akzeptanz höherer Einkaufspreise bei Geflügelprodukten können wir als Verbraucher die artgerechte Tierhaltung von kleineren Betrieben unterstützen. Wir haben es durch unser Konsumverhalten mit in der Hand, der traurigen Realität in der Massentierhaltung entgegenzuwirken. Mit dem bewussten Einkauf bei einem (Bio-) Direktvermarkter können wir die nachhaltige regionale Landwirtschaft unterstützen.

Eine artgerechte Geflügelhaltung – ein Leben unter natürlichem Tageslicht, mindestens acht Stunden Nachtruhe, Auslauf an der frischen Luft und kein standardmäßiger Einsatz von Antibiotika – macht unsere Tiere nicht nur glücklicher, sondern auch widerstandsfähiger gegen Krankheiten.

Hin und wieder lassen sich Eier und Fleisch auf unserem Speiseplan auch durch eiweißhaltige Pflanzen und Hülsenfrüchte ersetzen.

Hähnchenschenkel in Honigbutter

6 Personen 👪
60 Minuten ⊙

6	Hähnchenschenkel
	Salz
	Pfeffer
	Paprikapulver edelsüß
2 EL	Honig
2 EL	Butter

Zubereitung

◆ Hähnchenschenkel unter fließendem lauwarmen Wasser abwaschen und anschließend mit einem Küchenkrepp trockentupfen.

◆ Gewürzt werden die Geflügelteile mit Salz, Pfeffer und edelsüßem Paprikapulver.

◆ Den Ofen auf 200° (Ober-/Unterhitze) vorheizen, die gewürzten Schenkel auf ein Backblech legen und in die mittlere Schiene des Ofens schieben.

◆ Die Gesamtgarzeit beträgt etwa 45 Min. Nach den ersten 15 Min. die Geflügelteile mit ein wenig Wasser beträufeln.

◆ Honig und Butter in einem kleinen Topf auf niedriger Stufe miteinander zerlaufen lassen. Hähnchenteile nach weiteren 15 Min. mit der zerlaufenen Honig-Butter-Marinade bestreichen.

◆ Je nach Dicke der Schenkel das Fleisch für weitere 10-15 Min. im Ofen lassen, bis diese schön kross gebacken sind.

Variation

Für Kinder und alle, die gerne knusprige Hähnchenbeine knabbern: ersetzen Sie die Hähnchenschenkel durch 18 Hähnchenkeulen. In diesem Fall verkürzt sich die Garzeit um 5 bis max. 10 Minuten.

Tipp

Dazu passt unser sommerlicher Kartoffelsalat mit Radieschen von S. 62.

Saisongemüse Spargel

Wer sich rar macht, wird begehrt – auf Saisongemüse wie den Spargel jedenfalls trifft das zu. Geerntet wird er nur von April bis Juni. In diesem Zeitraum sollten wir das Gemüse möglichst oft genießen, denn mit seinem hohen Gehalt an Mineralien und Vitaminen ist er sehr gesund.

Beim Einkauf sollte man auf Frische achten, die man daran erkennt, dass die Stangen quietschen, wenn man sie aneinander reibt und die Schnittstellen nicht ausgetrocknet sondern schön saftig sind. Aufbewahren lässt sich der Spargel zwei bis vier Tage im Gemüsefach des Kühlschranks, wenn man ihn zuvor in ein feuchtes Küchenhandtuch einwickelt.

Neben dem weißen gibt es auch grünen und violetten Spargel. Der weiße Spargel wächst unter der Erde, der farbige oberhalb, wo er durch die Lichteinwirkung seine Farbe erhält.

Spargelsalat zu Kalbsschnitzel

4 Personen 👪

35 Min. + 60 Min. Kühlen ⊘

Für den Spargelsalat

800 g	Spargel
1 TL	Salz
1 TL	Zucker
1 TL	Zitronensaft
1	dünne Zitronenscheibe
½ EL	Butter
3 EL	weißer Balsamico-Essig
3 EL	Traubenkernöl
400 ml	Spargelsud
1-2 TL	Kokosblütenzucker oder Agavendicksaft Salz

Für die Kalbsschnitzel

4	Kalbschnitzel à ca. 150 g
4 EL	Mehl
2	Eier
1 Schuss	spritziges Mineralwasser
150 g	Dinkel-Semmelbrösel
5 EL	Butterschmalz Salz Pfeffer

Zubereitung

◆ Den Spargel sorgfältig schälen und waschen. Vom unteren Ende des Spargels gut 1 cm abschneiden. Reichlich Wasser mit Salz, Zucker, Zitronensaft, der Zitronenscheibe und Butter zum Kochen bringen. Den Spargel vorsichtig hineingeben und etwa 15 Min. kochen.

◆ Der Spargel ist gar, wenn Sie vom dicksten Spargel ein Endstück leicht abschneiden können, ohne dass die Stange Fäden zieht. Heben Sie den Spargel mit einer Schöpfkelle vorsichtig aus dem Topf und dritteln Sie die Stangen.

◆ Für die Marinade Essig mit Spargelsud, Traubenkernöl, Salz und Zucker gut miteinander verrühren. Über den Spargel geben, vorsichtig vermengen und 1-2 h kühlstellen und ziehen lassen.

◆ Die Schnitzel salzen und pfeffern. Anschließend erst in Mehl, dann in mit Mineralwasser verquirltem Ei und schließlich in reichlich Semmelbröseln wenden. In Butterschmalz von beiden Seiten jeweils 3-4 Min. goldbraun anbraten.

Dazu passen Salzkartoffeln mit zerlassener Butter und Schnittlauchröllchen.

Tipp

Vom Panieren übrig gebliebenes Ei salzen und in der Pfanne wie Rührei anbraten. Als appetitliche Dekoration über die Schnitzel streuen.

Lachs-Spinat-Rolle

8 - 10 Personen
25 Min. + 4 h Kühlen

300 g	Räucherlachs
400 g	gehackter TK-Spinat
4 - 5	Eier
4 - 5 EL	geriebener Parmesan
200 g	geriebener Emmentaler
200 g	Frischkäse
	Dill, kleingehackt
	(frisch oder getrocknet)
	Frischhaltefolie
	Backpapier

Tipp

Gut gekühlt lässt sich die Rolle am besten schneiden. Garnieren Sie die Scheiben mit Kirschtomaten und Balsamico-Creme.

Zubereitung

- Den Spinat in einer Schüssel (z. B. im warmen Wasserbad) auftauen und in einem Sieb abtropfen lassen.

- Ein Backblech mit Backpapier so auslegen, dass an den Seiten Ränder überstehen. Vom Emmentaler 6 EL zurückbehalten. Den restlichen Käse so auf das Backpapier streuen, dass ein grobes netzartiges Muster entsteht. Geben Sie das Blech bei 150° für 10 Min. in den Ofen und lassen Sie den Käse anschließend ein wenig abkühlen.

- Drücken Sie die überschüssige Flüssigkeit aus dem Spinat. Eier schaumig schlagen, Spinat und zurückbehaltenen Emmentaler dazugeben, bevor Sie die Masse gut 1 Min. mit dem Rührgerät auf hoher Stufe verrühren. Verteilen Sie die Spinatmasse 1 cm hoch auf der leicht zerlaufenen Käsemasse.

- Das Blech bei 180 - 200° in die 2. Backofenschiene von oben schieben und 12 - 15 Min. backen. Ofen ausschalten und mit dem Finger testen, ob die Spinatmasse oben fest ist, erst dann die Backofentür offen und die Masse auskühlen lassen. Die feste Masse mit dem Backpapier auf eine Arbeitsplatte legen.

- Frischkäse und Dill mit dem Handrührgerät verrühren, evtl. noch kühl stellen und dann auf die ausgekühlte Spinatmasse streichen. Den Lachs in kleinen Stückchen auf dem Frischkäse verteilen.

- Legen Sie ein großes Stück Frischhaltefolie an die obere Seite der Fläche. Heben Sie nun das unten überstehende Backpapier an, und rollen Sie die Fläche (ohne Backpapier) nach innen auf, bis sich das Backpapier von der Rolle gelöst hat und diese auf der Folie liegt. Umschließen Sie die Rolle fest mit der Folie und stellen sie diese bis zum Servieren mind. 4 h kalt.

Nudeln a la Espagnolo

400 g	Penne
350 g	Chorizo (span. Paprikawurst)
1 gr.	rote Zwiebel
8	Soft-Datteln
1 Dose	gehackte Tomaten (425 g)
3 - 4 EL	Olivenöl
1 Prise	Zucker
1 - 2 TL	Zitronensaft
	Salz
	Pfeffer
2 - 3 EL	Petersilie, grob gehackt
3 EL	Erdnüsse oder Cashewkerne

Zubereitung

- Die Wurst in etwa 1½ cm große Würfel schneiden. Die Zwiebel schälen und fein würfeln. Datteln entsteinen und grob würfeln. Petersilie grob hacken und Nüsse mit dem Messer zerkleinern.

- Das Olivenöl in einer Pfanne erhitzen. Chorizo darin leicht anbraten, herausnehmen und beiseitestellen. Zwiebeln und Datteln im selben Fett anbraten. Die Tomaten dazugeben, mit Salz und Pfeffer würzen, aufkochen und offen 5 Min. köcheln lassen.

- Die Nudeln in reichlich kochendem Salzwasser nach Packungsanweisung bissfest kochen. Vor dem Abgießen 250 ml Nudelwasser abnehmen und zur Tomatenmischung geben.

- Chorizo wieder in die Pfanne geben und erneut aufkochen lassen. Mit Salz, Pfeffer, Zucker und Zitronensaft abschmecken. Die Nudeln unmittelbar nach dem Abgießen unter die Soße mischen.

- Petersilie und Nüsse über die Nudelpfanne streuen und sofort servieren.

Dazu passen schwarze Oliven. In feine Ringe geschnitten machen sie sich auch gut als Dekoration.

Tipp

Wundern Sie sich nicht, wenn Sie im Frühling plötzlich Appetit auf würzige Mahlzeiten haben. Mit den steigenden Temperaturen verlangt unser Körper zwar nach leichten und saftigen, aber auch nach würzigen Speisen. Mit zunehmendem Aktivitätsniveau unseres Körpers verbrauchen wir nämlich nicht nur mehr Flüssigkeit, sondern auch mehr Mineralstoffe.

Chorizo

Chorizo ist eine spanische oder portugiesische luftgetrocknete Rohwurst aus Schweinefleisch mit besonders würzigem Geschmack. Ihre rote Farbe stammt vor allem vom Paprikagewürz, das der Wurst neben ihrer typischen Färbung auch den würzigen und leicht scharfen Geschmack verleiht.

Wie bei allen tierischen Produkten lohnt es sich auch bei dieser Wurst, die Herkunft zu recherchieren und die Chorizo nach Möglichkeit bei einem vertrauensvollen Händler zu kaufen.

Gemüsegratin mit Parmesankruste

3	mittlere Zucchini
2–3	Karotten
2	Fenchelknollen
5–6	Fleischtomaten
6–7	Kartoffeln
200 ml	Gemüsebrühe
200 g	Crème fraîche
2	Knoblauchzehen
1	Bio-Zitrone
8–10 EL	Dinkel-Semmelbrösel
8–10 EL	frisch geriebener Parmesan
½ TL	getrocknetes Basilikum
8–10 EL	Olivenöl

Zubereitung

◆ Backofen auf 200° Ober-/Unterhitze (bei Umluft 170°) vorheizen.

◆ Zucchini, Karotten und Fenchelknollen putzen, waschen und in etwa 3 mm dicke Scheiben schneiden oder hobeln. Fleischtomaten waschen, den Blütenansatz entfernen und in Scheiben schneiden. Kartoffeln waschen, schälen und in 1 cm dicke Scheiben schneiden.

◆ Eine flache Auflaufform mit 1 EL Olivenöl einfetten und das Gemüse hineinschichten.

◆ In einem Topf 200 ml Wasser erhitzen. Gemüsebrühe darin auflösen. Crème fraîche unterrühren und über das Gemüse gießen. Im Backofen 25 Min. backen.

◆ Knoblauchzehen schälen und fein hacken. Zitrone heiß waschen und die Schale abreiben. Knoblauch und Zitronenschale mit Semmelbröseln, Parmesan, Basilikum und Olivenöl verrühren. Das Topping auf dem Gratin verteilen und weitere 20 Min. backen.

Tipp

Dieses Gemüsegratin eignet sich genauso gut als Beilage wie als Hauptgericht.

Parmesan

Neben unseren vier Geschmacksrichtungen süß, sauer, salzig und bitter existiert eine weitere, die wir als *umami* bezeichnen und die den Geschmack einer Speise erst vollkommen macht. Ausgelöst wird der Geschmack durch die natürlich in Nahrungsmitteln vorkommende Glutaminsäure, die uns auch unter dem Namen Glutamat bekannt ist. Als isolierter Zusatz ist Glutamat umstritten, natürlich in Lebensmitteln vorkommend erhöht sie jedoch unseren Genuss.

Parmesan enthält neben einigen weiteren Lebensmitteln (z.B. Pilzen, Tomaten, Knoblauch, Zwiebeln) viel Umami, was den italienischen Hartkäse zu einem beliebten Würzmittel macht. Parmesan macht gutes Essen noch besser. Am besten entfaltet er seinen Geschmack, wenn er nicht erhitzt wird. Streuen Sie vor dem Servieren einer Speise noch etwas frisch geriebenen Parmesan darüber und stellen Sie eine Schale zum Nachwürzen auf den Tisch.

Dinkel-Kresse-Crêpes mit Dip

4 Personen 👪
45 Minuten 🕐

50 g	Butter
300 ml	frische Vollmilch
300 g	Dinkelmehl (Typ 630)
4	Eier (Größe M)
	Salz
2 Beete	Kresse
200 ml	Mineralwasser (spritzig)
1 EL	Traubenkernöl

Für den Dip:

250 g	Sahnequark
2 EL	Traubenkernöl
2-4 EL	Milch
1 Beet	Kresse
1 Stängel	Zitronenmelisse
2 Blätter	Sauerampfer
etwas	abgeriebene Zitronenschale
	Salz
	Pfeffer
50 g	Forellenkaviar

Kresse

ist problemlos auf der Fensterbank zu ziehen. Sie keimt und wächst sehr schnell, so dass uns ihre Keimblätter bereits nach etwa einer Woche mit Vitamin C, mehreren B-Vitaminen und Mineralien wie Kalium, Calcium und Eisen versorgen können. Davon profitieren wir vor allem im zeitigen Frühjahr, wenn die einheimischen Alternativen noch rar sind.

Zubereitung

- Butter in einem kleinen Topf bei niedriger Hitze schmelzen lassen. In der Zwischenzeit Milch, Eier, Mehl und Salz mit dem Handrührgerät zu einem glatten Teig rühren. Die flüssige Butter zugeben, gut unterrühren und den Teig anschließend 15 Min. ruhen lassen.

- Die Kresse vorsichtig vom Beet schneiden und grob so klein hacken, dass sie noch als Kresse zu erkennen ist.

- **Für den Dip** Sahnequark mit Öl, Salz und Pfeffer verrühren. Je nach gewünschter Konsistenz können Sie 2-4 EL Milch unterrühren. Die Kresse und die Kräuter fein hacken, unter den Quark mischen, mit Salz, Pfeffer und Zitronenschale abschmecken.

- Mineralwasser und Kresse unter den Crêpes-Teig rühren. 1 oder 2 beschichtete (Crêpes-)Pfanne(n) mit etwas Öl ausstreichen und auf mittlere Temperatur erhitzen. Eine kleine Kelle Teig hineingeben und diesen durch rasches Kippen der Pfanne gleichmäßig und dünn darin verteilen. Auf beiden Seiten hellgelb backen und unter Alufolie warmstellen, bis alle ca. 16 Crêpes gebacken sind. Reichen Sie den Dip sowie Forellenkaviar dazu.

Tipps

Die Crêpes lassen sich wunderbar nach Jahreszeit und Geschmack variieren. Lassen Sie die Kresse im Teig einfach weg und probieren Sie beispielsweise unsere Dips (S. 16-19) dazu aus.

Für ein Dessert schmecken sie den Teig anstelle von Salz mit etwas Agavendicksaft ab. Servieren Sie die Crêpes einzeln mit 1 Kugel Eis oder einem fruchtigen Kompott. Bereiten Sie den Teig in diesem Fall für 4 Personen mit der halben Zutatenmenge zu.

Kamut

Khorasan-Weizen ist eine aus dem Iran stammende alte Sorte des Sommerweizens und wird unter dem Namen *Kamut* vermarktet.

Im Vergleich zu modernem Weizen weist er einen höheren Gehalt an Protein und vielen Mineralien (vor allem Selen, Zink und Magnesium) auf. Selen ist bekannt für seine hohe antioxidative Wirkung. Sein Geschmack ist nussiger als der von Dinkel und herkömmlichem Weizen.

Grießdessert mit Rhabarbergrütze

8-10 Portionen ﹟
45 Min. + Kühlen ⊙

Kamut-Grieß-Dessert

1 l	Vollmilch
2 EL	Ahornsirup
1 EL	Limettensirup
170 g	Kamutgrieß
2 EL	weißes Mandelmus
½	Bio-Zitrone (Schale)
30 g	Butter

Rhabarbergrütze

500 g	Rhabarber
1	Zitrone (Saft)
100 g	Rohrzucker
½ TL	Alles-Liebe-Gewürz (Sonnentor)
300 ml	Wasser
2 EL	Fruchtgel (aus Apfelpektin)
8 cl	Erdbeer- oder Himbeer-Sirup

Variation

Verwenden Sie Dinkel- oder Weizengrieß anstelle von Kamutgrieß. Dabei Grießmenge nach Packungsanleitung verwenden.

Tipp

Das Dessert eignet sich auch als süße Hauptspeise für 3-4 Personen.

Zubereitung

Kamut-Grieß-Dessert

- Zitrone heiß waschen, gut abtrocknen und etwa die Hälfte der Schale abreiben.
- Milch mit Ahornsirup, Limettensirup, Mandelmus, Zitronenschale und Butter erhitzen.
- Hitze reduzieren, Grieß unter Rühren einstreuen und eindicken lassen, bis die Konsistenz nach ungefähr 10 Min. passt.
- Heiß in Dessertgläser füllen. Dabei noch etwas Platz für die Grütze lassen.

Rhabarbergrütze

- Rhabarber waschen, schälen und in etwa 2 cm breite Streifen schneiden. Mit Zitronensaft, Zucker, Alles-Liebe-Gewürz und Wasser zum Kochen bringen. Bei geringer Hitze etwa 10 Min. einkochen lassen, bis der Rhabarber zerfällt.
- Fruchtgel in Sirup lösen (evtl. etwas Wasser zugeben) und unter das Kompott rühren. Noch einmal kurz aufkochen.
- Grütze heiß auf das leicht abgekühlte Grießdessert geben und die Gläser kaltstellen.

Erdbeertiramisu

300 g	Erdbeeren
250 g	Cantuccini
3 EL	Orangensaft
250 g	Mascarpone
250 g	Magerquark
70 g	Puderzucker
300 g	Sahne
2 EL	Himbeergelee, Erdbeermarmelade, o.ä.
1-2 EL	Grand Manier (wenn Kinder mitessen, weglassen)
14 Blätter	Zitronenmelisse oder milde Minze zum Dekorieren.

Zubereitung

- Cantuccini in einer Plastiktüte in ein Handtuch einwickeln und mit einem Nudelholz grob zerkleinern.

- Die Hälfte der Cantuccini in eine kleine Schüssel geben und den Orangensaft darüber träufeln. Vermengen, bis die Masse leicht feucht ist und als erste Schicht etwa 1 cm hoch in kleine Dessertgläser (praktisch: Teelichtgläser) füllen.

- Mascarpone, Magerquark und Puderzucker vermengen. Sahne steif schlagen und vorsichtig unterheben.

- Die Erdbeeren waschen, Butzen entfernen und der Länge nach in dünne Scheiben schneiden.

- Himbeergelee mit Grand Manier in einem Topf auf dem Herd leicht erwärmen, bis alles gleichmäßig flüssig ist. Vom Herd nehmen und die Hälfte der geschnittenen Erdbeeren dazu geben und mit dem Gelee vermengen.

- Jeweils 2-3 Scheiben der Gelee-Erdbeeren leicht versetzt auf den Cantucciniboden in die Dessertgläser geben.

- Anschließend mit einer Schicht Mascarpone-Quark-Creme auffüllen und mit den zurückbehaltenen trockenen Cantuccini-Bröseln bestreuen.

- Mit den restlichen kalten Erdbeerscheiben und 1 Blatt Zitronenmelisse dekorieren und kalt stellen.

Erdbeeren

Die Erntezeit hängt von der Sorte und der Witterung ab. In milden Regionen können die ersten Erdbeeren bereits im Mai geerntet werden. Die Erdbeersaison endet in der Regel Anfang August. Manche Sorten, die mehrmals blühen, können jedoch bis vor dem ersten Frost geerntet werden.

Achtung

Wenn die Erdbeeren zu lange im warmen Gelee liegen, werden sie weich und ihre Farbe verblasst. Darum sollte das Gelee nur warm und nicht heiß sein.

Frühlings-Extra: Bärlauch

Bärlauch-Spaghetti

👪 4 Personen
🕐 20 Minuten

500 g	Spaghetti
200 g	frischer Bärlauch
100 g	gemischte Kernchen (z.B. Pinien-, Sonnenblumen-, Cashewkerne)
100 g	Parmesan am Stück
	Olivenöl
	Salz
	Pfeffer

Zubereitung

- Bärlauch waschen und in feine Streifen schneiden.
- Kernchen bei Bedarf hacken, so dass alle Sorten in etwa gleich groß sind. Die Kernchen in einer Pfanne ohne Öl anrösten, bis sie duften und leicht gebräunt sind.
- Spaghetti in der Zwischenzeit in reichlich Salzwasser bissfest kochen.
- Spaghetti auf tiefen Tellern anrichten, mit frischem Bärlauch und Kernchen bestreuen. Parmesan frisch darüber reiben.
- Nach Geschmack Salz, Pfeffer sowie ein paar Tropfen Olivenöl über die Nudeln geben.

ergibt 350 g Butter 👪
15 Minuten 🕐

Bärlauch-Butter

100 g	frischer Bärlauch
250 g	weiche Butter
	Zitronensaft
	Salz

Zubereitung

- Bärlauch waschen, klein hacken und mit der weichen Butter in einem schmalen hohen Gefäß pürieren.
- Mit Salz und Zitronensaft abschmecken.

Tipp

Portionsweise eingefroren lässt sich die Butter gut aufbewahren. Sie passt im Sommer gut zu gegrilltem Fleisch und Gemüse.

Bärlauch-Pesto

ergibt 350 g Pesto
25 Minuten

100 g	frischer Bärlauch und Gartenkräuter (z.B. Giersch, Scharbockskraut, Sauerampfer, Zitronenmelisse, Knoblauchsrauke, Radieschenblätter, Löwenzahn, junge Brennesseltriebe, Ruccola, Basilikum)
130 g	gemischte Kernchen (z.B. Pinien-, Sonnenblumen-, Cashewkerne)
120 ml	Olivenöl
	Salz
	Zitronensaft
	Parmesan nach Geschmack

Bärlauch

Mit seiner wortwörtlichen Bärenstärke schenkt uns der Bärlauch ebenso wie den Tieren nach ihrem Winterschlaf im Frühjahr neue Kraft. Die bereits bei den Germanen, Kelten und Römern bekannte Heilpflanze enthält viel Vitamin C, Eisen und ätherische Öle. Er wirkt entgiftend, reinigend und unterstützend gegen Arterienverkalkung und Bluthochdruck.

Von Mitte März bis Ende April ist die mit dem Lauch und Knoblauch verwandte Pflanze in feuchten humusreichen Laubwäldern zu finden. Beim Pflücken ist es wichtig, immer ungefähr zwei Drittel einer Pflanze stehen zu lassen, um den Bestand nicht zu gefährden. Außerdem sollte man sich bei der Bestimmung sehr sicher sein, da er u.a. mit dem tödlich giftigen Maiglöckchen verwechselt werden kann.

Zubereitung

◆ Bärlauch und Kräuter waschen und klein hacken.

◆ Kernchen ebenfalls klein hacken, so dass alle Sorten in etwa gleich groß sind. Diese in einer Pfanne ohne Öl anrösten, bis sie duften und leicht gebräunt sind.

◆ Kräuter und Kernchen mit Olivenöl vermengen und mit Salz und Zitronensaft abschmecken. Am besten frisch verbrauchen.

Tipp

Je nach gewünschter Konsistenz kann das Pesto auch püriert werden, allerdings sollte dann auf die Brennessel verzichtet werden, da sie besonders schnell oxidiert und das Pesto braun färben würde. Das Pesto (ohne Brennessel) ist einige Tage im Kühlschrank haltbar, wenn es in einem Schraubglas mit Olivenöl bedeckt aufbewahrt wird. Vor dem Servieren kann je nach Geschmack Parmesan frisch hineingerieben werden.

Dem Sommer entgegen ...

Wann, wenn nicht jetzt: heimische Vielfalt genießen

Wenn es um saisonale kulinarische Genüsse geht, ist der Sommer unsere Jahreszeit: Gemüse, Obst und Salat gibt es nun im Überfluss aus heimischem Anbau zu kaufen. Alles, wonach wir uns im Frühling gesehnt haben, scheint jetzt nahezu gleichzeitig erntereif zu sein. Die Frühlingsboten Bärlauch und Spargel – die uns zu Beginn des Gartenjahres

Appetit auf mehr gemacht haben – verlassen uns wieder. Radieschen, Frühlingszwiebeln, Mangold und Kohlrabi bleiben uns noch eine Zeit lang treu. Sie freuen sich jetzt mit uns über die Gesellschaft von Erbsen, Bohnen, Kohl, Möhren, Gurken, Tomaten, Auberginen, Zucchini, Zwiebeln und Kartoffeln. Wer im Garten Obst und Gemüse selbst anbaut, der kennt das

Brief in die Sommerfrische

Ich habe so Sehnsucht nach Dir.
Weil alles so gut steht
Auf unserem Gemüsebeet.
Und Du bist in England. Nicht hier
Bei mir.
Frau heißt auf Englisch »wife«;
Muß man, um das zu lernen,
Sich so weit und so lange entfernen?

Bei uns ist alles Gemüse reif.
Meinst Du, daß ich das allein
Esse? Kommt gar nicht in Frage.
Und so vergehen die Tage.
Könnte doch zu zweit so billig sein.

Bis August und noch September vergeht,
Ist alles verfault auf dem Beet.
Aber Englisch ist wichtiger als Gemüse,
Das es schließlich auch in Büchsen gibt.
Und ich gönne Dir das alles sehr. Grüße
Dich!
Dein Mann (einsam in Dich verliebt).

(Joachim Ringelnatz, 1934)

Gefühl von Überfluss. Der morgendliche Blick in den Gemüsegarten hält manche Überraschung bereit: Über Nacht sind Gurken und Zucchini zu großen Früchten herangewachsen. Die Tomaten hingegen beeindrucken uns am Ende eines Tages: Nach einem ausgiebigen Sonnenbad haben sie sich appetitlich gefärbt und machen nicht nur optisch etwas her. Wer den Geschmack von reifen, sonnenwarmen Tomaten kennt, weiß wie Sommer schmeckt. Auch Beeren und Obst wollen in kurzer Abfolge geerntet und verarbeitet werden: Kaum neigen sich Erdbeeren und Rhabarber dem Ende zu, folgen Kirschen, Johannisbeeren, Himbeeren und Brombeeren, Heidelbeeren, Pfläumchen und Zwetschgen sowie die ersten frühen Apfelsorten. Wir füllen unsere Vorratskeller mit Marmelade und Gelee, Mus und Kompott, Saft und Likör, wir erfreuen uns an Kaltschalen, Beerengrütze und den leckersten Kuchen.

... an reichhaltig gedeckten Tischen

Wann, wenn nicht jetzt: im Freien aufdecken

Die (Bier-)Gärten und unsere Balkone laden uns ein: Nach Möglichkeit sitzen wir zum Essen im Freien und genießen leichte frische Salate, kühle Suppen, saftiges Gemüse und fruchtige Desserts. Fleisch hat eher Nebensaison, wenn man von wenigen Ausnahmen absieht. Doch manchmal steigt uns aus der Nachbarschaft der Duft von Feuer und Gegrilltem in die Nase. Spätestens dann packt es auch uns: das Grillfieber! Der Grill muss her, Fleisch, Gemüse und vor allem eine Handvoll Freunde, die uns um das Feuer herum sowie beim Essen Gesellschaft leisten.

Wann, wenn nicht jetzt: Freundschaften pflegen

Die Zubereitung von Mahlzeiten über offenem Feuer ist immer ein gesellschaftliches Ereignis. Das ist schon seit jeher so.

Bevor der Mensch das Feuer entdeckte und dazu überging, seine Jagdbeute über offenem Feuer zu garen, gab es keine gemeinsamen Mahlzeiten. Alles, was ein Mensch an Essbarem erbeutet oder gesammelt hatte, verzehrte er roh an Ort und Stelle. Erst mit der Erfindung der Kochfeuerstellen entstand gemeinschaft-

liches Essen. Um diese Feuer kamen Menschen zusammen, die nicht nur Feuer und Beute, sondern auch ihre Gesellschaft mit anderen teilen wollten. Vielleicht ist diese archaische Art der Essenszubereitung so tief in uns verankert, dass wir uns ihr auch heute noch gerne widmen, wenn wir den Grill anschüren.

Weiterentwickelt wurde diese Art der Essenszubereitung erst durch die Erfindung des Kochtopfs vor etwa 10000 Jahren. Die Kochstellen wurden nach und nach in die menschlichen Behausungen verlegt und das Kochen selbst fand nunmehr meist innerhalb der Familie statt.

Im Sommer jedoch treibt es uns hinaus: ob mit Familie oder Freunden, Hauptsache in netter Gesellschaft. Zahlreiche unserer Rezepte eignen sich für kalte und warme Buffets. Unsere Sommer-Salate und -Beilagen lassen sich alle gut vorbereiten und halten sich auch mehrere Stunden auf einem Buffet frisch. Auch die erfrischende Gazpacho (S. 64) ist einfach herzustellen und macht sich in großen Suppenschüsseln besonders gut.

Gurkensalat mit Kernchen

6 Personen
15 Minuten

3	Salatgurken
3 - 4 EL	Sonnenblumenkerne

Neutrales Öl
(z.B. Traubenkernöl
oder Sonnenblumenöl)
weißer Balsamico-Essig
Agavendicksaft
Sojasoße
Salz

Gurken

Gurken bestehen zu 95 Prozent aus Wasser, was sie zum perfekten sommerlichen Durstlöscher macht. Die restlichen fünf Prozent versorgen uns mit Mineralstoffen, Spurenelementen, Vitamin C, K und den meisten B-Vitaminen. Damit beteiligt sich die Bio-Salatgurke an der Wundheilung im Körper, sorgt für eine elastische Haut und kann sich günstig auf unseren Blutdruck auswirken.

Bei selbst angepflanzten Gurken ist Vorsicht geboten: Schmeckt die Gurke bitter, enthält sie den Giftstoff Cucurbitacin. Ein Geschmackstest vor der Zubereitung ist für alle Kürbisgewächse empfehlenswert und kann vor einer Vergiftung schützen. Schmeckt das Gemüse bitter, den Bissen sofort wieder ausspucken.

Zubereitung

- Die Gurken der Länge nach schälen, dabei abwechselnd 1 Streifen schälen und 1 Streifen auslassen. Anschließend die Gurken der Länge nach in schmale Streifen vierteln. Die Viertel in etwa 1 cm dicke Stücke schneiden.

- Gurkenstücke in eine Schale geben, salzen und 10 Min. ziehen lassen, bevor Sie nach Geschmack den weißen Balsamico-Essig, den Agavendicksaft und 1 Schuss Sojasoße darüber geben.

- Gehen Sie beim Zusammenstellen des Dressings nach ihrem persönlichen Geschmack vor. So kann entweder die süßliche Note des Agavendicksafts oder das säuerliche Aroma des Essigs dominieren.

- Sonnenblumenkerne in einen kleinen Topf oder eine kleine Pfanne geben. So viel neutrales Öl dazugeben, dass die Kerne leicht bedeckt sind. Vorsichtig nur so lange erhitzen, bis die Kernchen leicht nussig duften. Die Kerne samt Öl noch heiß über den Gurkensalat geben.

- Den Salat gut vermengen und mit Essig, Agavendicksaft und Sojasoße noch einmal abschmecken.

Tipp

Ein akustisches Erlebnis, das nicht nur Ihren Kindern gefällt: Die heiß über den Salat gegebenen Sonnenblumenkerne knistern leise auf den Gurken ...

Dazu passt

Soll der Salat etwas nahrhafter werden: Geben Sie nach Geschmack Dosenmais dazu.

Israelischer Rotkohl-Papaya-Salat

6-8 Personen

45 Minuten

¾ Kopf	Rotkohl
2 kleine	Papaya
1	Mango
2 Stängel	frisches Zitronengras
120 ml	Limettensaft
5 EL	Ahornsirup
	oder Agavendicksaft
3-4 EL	Himbeer- oder Feigenessig
3 EL	Sesamöl (geröstet)
5 EL	Traubenkernöl
1 geh. EL	Koriandergrün, grob gehackt
2 TL	Pul Biber (türkische Gewürz-mischung aus Paprikaflocken, Chili und evtl. Salz)
	oder milde Chiliflocken
	Salz

Papaya

Trotz der langen Transportwege und ihrer negativen Ökobilanz liefern uns die Süd-früchte wichtige Vitamine. Die Papaya ist reich an Vitamin A und C. Ihre Kerne enthalten das Enzym Papain und sind fast noch gesünder als das Fruchtfleisch. Getrocknet und in der Pfeffermühle ge-mahlen sind sie mit ihrem pfeffrigscharfen Aroma ein gesundes Gewürz, das die Regeneration der Leber unterstützen und den Darm stärken kann.

Zubereitung

- Vom Kohlkopf die äußeren Blätter entfernen und mit einem Messer vierteln. Den Strunk keilförmig heraus-schneiden. Rotkohl in feine Streifen schneiden und in eine große Schüssel geben.

- Mango und Papaya mit einem Sparschäler schälen. Das Fruchtfleisch der Mango mit einem scharfen Messer nach Gefühl um den Kern herum abschneiden. Die Papaya halbieren und die Kerne mit einem Teelöffel entfernen. Das Fruchtfleich würfeln.

- Vom Zitronengras das untere Ende und die harten Außen-blätter entfernen. Längs halbieren, in grobe Stücke schneiden und leicht andrücken (so löst sich das Aroma besser aus der Pflanze).

- Für das Dressing Limettensaft, Zitronengras und Ahorn-sirup in einem kleinen Topf miteinander verrühren. Etwa 10 Min. bei hoher Temperatur sirupartig einkochen. Abkühlen lassen und durch ein Sieb in eine Schüssel gießen. Mit dem Essig und den Ölen zu einer glatten Soße verrühren.

- Das Dressing über die Kohlstreifen gießen und gut ver-mischen. Papaya und Mango vorsichtig unterheben, ohne sie zu zerdrücken. Den Salat mit den Kräutern und Pul Biber abschmecken. Etwa 30 Min. ziehen lassen und bei Be-darf mit etwas Salz und zusätzlichem Pul Biber abschmecken.

Tipp

Den Salat mit Koriander und Limet-tenscheiben dekoriert auf einer gro-ßen Platte anrichten und mit warmem türkischen Fladenbrot servieren.

Fruchtiger Blumenkohlsalat

6 Personen
30 Minuten

1	Blumenkohl
2	Zitronenscheiben
1	Zitrone
1	helle Zwiebel
1 TL	Schnittlauch-Röllchen
2 EL	Traubenkernöl
2 EL	weißer Balsamico-Essig
	Salz
	Pfeffer
	Zucker

Zubereitung

- Den Blumenkohl mit einem kleinen scharfen Messer in kleine Röschen teilen, anschließend waschen. In einem mittelgroßen Topf reichlich Salzwasser mit den Zitronenscheiben zum Kochen bringen. Den Blumenkohl darin etwa 5-6 Min., aber nur so lange kochen, dass er noch etwas knackig ist. Die Röschen herausnehmen und erkalten lassen. Den Kochsud beiseitestellen.

- Die Zitrone auspressen und die Zwiebel fein würfeln. Für die Vinaigrette Zitronensaft, Zwiebelwürfel, Schnittlauchröllchen, Essig, Öl und 4 Schöpflöffel Kochsud glattrühren. Mit Salz, Pfeffer und Zucker würzen, über den Salat geben und unterheben. Der Blumenkohl sollte dabei mit ausreichend Flüssigkeit bedeckt sein, aber nicht in der Vinaigrette untergehen.

Passt gut zu hellem Fleisch (Schweine-Schnitzel und -Kotelett) sowie zu Kartoffel-Gerichten.

Blumenkohl

Wie alle Kohlsorten ist auch der Blumenkohl sehr gesund: Neben Vitamin C enthält er viel Vitamin K und Kalium.

Einen frischen Blumenkohl erkennt man an seinem festen Kopf mit frischen Umblättern. Riecht er streng nach Kohl, ist er bereits alt. Im Gemüsefach des Kühlschranks kann er bis zu einer Woche aufbewahrt werden. Der grüne, turmartige Romanesco ist eine farbige Blumenkohlsorte, die sogar noch mehr Vitamin C als sein weißer Verwandter enthält.

Durch Zugabe von etwas Milch oder Zitronensaft beim Kochen bleibt der weiße Blumenkohl weiß. Romanesco behält seine frische grüne Farbe durch kurzes Abschrecken in Eiswasser.

Griechischer Salat

4 Personen 👪
25 Min. + 60 Min. Kühlen ⊙

6	mittelgroße Tomaten
1 ½	Salatgurken
300 g	Feta- oder Schafskäse
4-5 EL	Weißweinessig oder weißer Balsamico-Essig
2-3 EL	Olivenöl
1 TL	getrockneter Oregano
¼ TL	Pfeffer aus der Mühle
	Salz

Zubereitung

- Tomaten waschen, Stiel und grünen Strunk entfernen und in kleine Stücke schneiden. Die Gurken nach Geschmack ganz oder nur streifenweise schälen und ebenfalls in kleine Stücke schneiden. Mit den Tomaten in eine Schüssel geben. Mit Pfeffer ordentlich würzen.

- Feta- oder Schafskäse mit den Fingern zerbröseln und über dem Salat verteilen.

- Olivenöl, Essig und Oregano dazugeben und mit etwas Salz würzen.

- Den Salat im Kühlschrank kaltstellen und dort bis zum Verzehr mindestens 1 h durchziehen lassen. Noch einmal mit Salz und Pfeffer abschmecken.

Oregano

Das relativ anspruchslose Küchen- und Heilkraut eignet sich gut zum Eigenanbau. Zur Ernte können jederzeit einzelne Blättchen gezupft oder ganze Stängel eine Handbreit über dem Boden abgeschnitten und zum Trocknen in einen dunklen Raum gehängt werden. Die getrockneten, vom Stängel abgestreiften Blätter sind dunkel und trocken aufbewahrt etwa ein Jahr haltbar. Im Gegensatz zu vielen anderen Kräutern intensiviert sich beim Trocknen sein Aroma. Deshalb kann Oregano auch mitgegart werden, ohne sein Aroma zu verlieren.

Geschmacklich passt Oregano gut zu mediterranen Gerichten wie Pizza und Pasta, aber auch zu Eierspeisen und Salaten. Dabei harmoniert er sehr gut mit Tomaten und Gurken. Auch in Suppen und Soßen kommt sein Aroma gut zu Geltung.

Die enthaltenden ätherischen Öle, Gerb- und Bitterstoffe machen den Oregano auch als Heilpflanze interessant: Ihnen wird eine antibakterielle, verdauungsfördernde, appetitanregende und pilzhemmende Wirkung nachgesagt.

Bulgursalat à la Manuela

8 Personen
50 Minuten

400 g	grober Bulgur
ca. 500 ml	heißes Wasser
2	Lauchzwiebeln
2	Karotten
1	gelbe Paprika
1	Gurke
4	Tomaten
4	Stiele Minze
1 gr. Bund	glatte Petersilie
2 ½	Zitronen
300 g	Tomatenmark
1 EL	Paprikapulver, scharf
1 EL	Paprikapulver, edelsüß
10 EL	geschmacksneutrales Öl, z. B. Traubenkernöl
1 Schuss	weißer Balsamico
	Salz

Zubereitung

- Bulgur in eine hitzebeständige Schüssel geben und mit gesalzenem heißen Wasser übergießen, bis er gerade bedeckt ist. Umrühren und etwa 8-10 Min. ausquellen lassen, bis der Bulgur weich ist.

- Das Gemüse waschen. Die Lauchzwiebeln in feine Ringe schneiden. Karotten schälen und Tomaten entkernen. Alles Gemüse in sehr kleine Würfel schneiden. Kräuter fein hacken und Zitronen auspressen.

- In einem kleinen Topf 5 EL Öl leicht erhitzen. Karotten- und Paprikawürfel 3 Min. leicht andünsten. Anschließend das Tomatenmark dazugeben und mit etwas Wasser glattrühren. Ein wenig von der Minze dazugeben, damit sich der feine Minzgeschmack langsam entfalten kann. Abkühlen lassen, über den Bulgur geben und gut vermengen.

- Aus den restlichen Zutaten (Lauchzwiebeln, Tomaten- und Gurkenwürfeln, Zitronensaft, Essig, Kräutern und Gewürzen) das Dressing zubereiten. Das Öl erst am Ende unterrühren.

- Dressing mit der Bulgurmasse gut vermischen. Mit Öl, Zitronensaft und Salz abschmecken.

Bulgur

Bulgur wird aus unter Dampf vorgegartem und anschließend wieder getrocknetem Hartweizen oder Buchweizen hergestellt. Nach der Trocknung wird er fein oder grob geschrotet. Weil das ganze Korn verarbeitet wird, enthält er all seine wertvollen Bestandteile. Er eignet sich wie Reis als Beilage zu Fisch- und Fleischgerichten.

Im Gegensatz zu dem bei uns am häufigsten vorkommenden Getreide, dem Weichweizen, enthält Hartweizen mehr Eiweiß. Buchweizen, das übrigens gar kein Getreide, sondern ein glutenfreies Knöterich-Gewächs ist, besitzt zwar etwas weniger, dafür aber besonders hochwertig zusammengesetztes Eiweiß mit lebenswichtigen Aminosäuren.

Kartoffelsalat mit Radieschen

6 Personen
35 Minuten

750 g	Kartoffeln, festkochend
2	helle Zwiebeln
1 Bund	Radieschen
200 ml	heiße Gemüsebrühe
3 EL	Bio-Sojasoße
1½ EL	Senf
etwas	weißer Balsamico-Essig
3 EL	Traubenkernöl
	Salz
	Pfeffer
1 Bund	Schnittlauch

Zubereitung

- Kartoffeln in der Schale kochen, anschließend pellen und noch warm in schmale Scheiben schneiden.

- Sojasoße, Senf und etwas weißen Balsamico in die heiße Gemüsebrühe geben.

- Zwiebeln fein hacken, Radieschen klein schneiden. In die warme aber nicht mehr heiße Brühe geben. Anschließend die Brühe zu den geschnittenen Kartoffeln geben und vorsichtig mischen.

- Zum Schluss geben Sie das Öl hinzu und schmecken mit Salz und Pfeffer, Essig und Senf ab.

- Den Schnittlauch erst unmittelbar vor dem Servieren in feine Röllchen schneiden und über den Kartoffelsalat streuen.

Tipp:

Kartoffeln saugen viel Flüssigkeit auf. Deshalb passen sie sehr gut zu Salatgurken. Wer es etwas saftiger mag, kann in feine Scheiben geschnittene Gurken ergänzen.

Kartoffel

Die Kartoffel zählt, wie auch die Tomate, zu den Nachtschattengewächsen, die das Naturgift Solanin ausbilden. Bei der Kartoffel geschieht dies unter Lichteinwirkung. Darum sollte man beim Kauf frische und dunkel gelagerte Sorten wählen und die Knolle auch zuhause dunkel aufbewahren. Einen Hinweis auf Solanin liefern die durch Lichteinwirkung entstehenden grünen Stellen, die vor dem Verzehr unbedingt großzügig entfernt werden sollten. Auch ausgetriebene Knollen sollten nicht mehr gegessen werden.

Uneinigkeit herrscht darüber, ob die Schalen giftig sind. Bei korrekter Lagerung enthält die Knolle samt Schale eine unbedenklich niedrige Konzentration an Solanin. Da sich das Gift unter der Schale unsichtbar ausbreitet und es beim Kochen nur ausgeschwemmt wird, ist es ratsam, die Kartoffeln für Kleinkinder großzügig zu schälen und das Kochwasser abzugießen. Die dadurch verloren gegangenen Vitamine und Mineralstoffe können mühelos durch Obst, Gemüse und Vollkornprodukte ausgeglichen werden.

Kalte Suppe

Kalte Suppen oder Kaltschalen sind kalt zubereitete flüssige, beziehungsweise sämige Suppengerichte. Sie werden überwiegend in der warmen Jahreszeit serviert und sind herrlich erfrischend. Mit Obst zubereitet erfreuen sie sich auch als Nachspeise großer Beliebtheit.

Als *Kalte Suppen* werden aber nicht nur gekühlte, sondern auch lauwarm servierte Suppengerichte bezeichnet.

Gazpacho

8-10 Portionen

60 Minuten

Suppe

1 ½ kg	frische Tomaten
2	Gurken
3 ½	rote Paprika
2	Knoblauchzehen
8 EL	Weißweinessig
6-7 EL	Tomatenmark
13-15 EL	Olivenöl
	Salz
	schwarzer Pfeffer

Topping

4-5	hartgekochte Eier
1 ½	rote Paprika
1 ½	gelbe Paprika
½	Gurke
2 EL	frisch gehackte Petersilie
1 EL	frisch gehackter Koriander
1 kl. Bund	Frühlingszwiebeln
1 kleine	rote Zwiebel
1	Limette (Saft und abgeriebene Schale)
1 Schuss	Weißweinessig
	Salz

Zubereitung

- Tomaten mit heißem Wasser übergießen, enthäuten und inklusive ihres Kerninneren grob würfeln. Gurken und Paprika entkernen und ebenfalls grob zerkleinern.
- Das zerkleinerte Gemüse in eine hohe Schüssel geben. Knoblauch durch eine Knoblauchpresse hineindrücken. Essig, Tomatenmark und Öl dazugeben.
- Alle Zutaten mit dem Pürierstab pürieren, mit Salz und Pfeffer abschmecken und im Kühlschrank kaltstellen.

Topping

- Von den hartgekochten Eiern nur das Eiweiß in kleine Würfel schneiden. Paprika und Gurke ebenfalls in sehr kleine Würfel schneiden.
- Nach Geschmack mit Petersilie und/oder Koriander mischen. Mit den in feine Ringe geschnittenen Frühlingszwiebeln und der klein gehackten Zwiebel vermengen.
- Das Ganze mit etwas geriebener Schale und dem Saft von 1 Limette, Weißweinessig und Salz abschmecken.
- Das Topping separat in einer kleinen Schüssel zur Gazpacho servieren.

Tipp

Mit dem übrig gebliebenen Eigelb können Sie den Frischkäse-Kresse-Dip (Rezept auf S. 18) verfeinern. Pro Ei kann 1 zusätzliches Eigelb verwendet werden.

Tomatensuppe mit Ei

6 Personen
60 Minuten

3 kg	Tomaten
2	Karotten
2 große	helle Zwiebeln
150 g	Butter
1 EL	Zucker
1	Lorbeerblatt
1 Bund	Petersilie
	Salz
	Pfeffer aus der Mühle
3	Eier

Zubereitung

- Tomaten waschen, halbieren und Stielansatz entfernen. Die ganzen Früchte in grobe Stücke schneiden.

- Die Karotten und die Zwiebeln schälen und in Würfel schneiden. Die Petersilie klein hacken.

- Die Butter in einem weiten Topf leicht erhitzen. Den Topfboden mit dem Zucker bestreuen und die Zwiebeln mit den Karotten etwa 1 Min. vor den Tomaten hineingeben. Das Lorbeerblatt zugeben.

- Bei mittlerer Hitze 10 Min. dünsten. 500 ml Wasser zugeben, aufkochen und bei mittlerer Hitze weitere 15-20 Min. zugedeckt garen.

- Die Suppe mit dem Pürierstab fein pürieren und mit Salz, Zucker, Pfeffer sowie etwa 2 EL gehackter Petersilie abschmecken.

- Die Eier in einer Schüssel von Hand verquirlen und langsam in die Suppe einrühren. Dabei dürfen grobe Stück entstehen.

Tomate

Über 1 000 verschiedene Tomatensorten sind bekannt. Egal welche davon wir essen: Im ausgereiften Zustand haben sie einen positiven Einfluss auf unsere Gesundheit. Tomaten enthalten zahlreiche Vitamine und Mineralstoffe sowie reichlich sekundäre Pflanzeninhaltsstoffe und Fruchtsäuren. Besonders reich sind sie an Kalium, Magnesium, Folsäure, Vitamin C und dem sekundären Pflanzeninhaltsstoff Lycopin. Freiland-Tomaten sind Gewächshaus-Tomaten überlegen. Sie haben nicht nur einen höheren Lycopingehalt, sondern sind meist auch geschmacklich überzeugender.

Doch Vorsicht: Die Tomate ist wie die Kartoffel ein Nachtschattengewächs und ihr grüner Strunk enthält das Naturgift Solanin. In größeren Mengen kann es toxisch wirken und zu Kopfschmerzen, Durchfall, Erbrechen und Krämpfen führen. Mit zunehmender Reife der Frucht nimmt die Konzentration jedoch ab. Ausgereifte Tomaten enthalten kaum einen nennenswerten Anteil. Es macht jedoch Sinn, auf den Genuss von grünen Tomaten zu verzichten und die grünen Stellen vor der Zubereitung zu entfernen, vor allem wenn Kinder mitessen.

Italienische Kräutermischung

Wenn wir an die italienische Küche denken, schwebt uns gedanklich der Duft von frischem Basilikum und Oregano vor. Kombinieren wir diese Kräuter mit Majoran, Rosmarin, Thymian und etwas Salbei, erhalten wir eine wundervolle Gewürzmischung, deren warmer Sommerduft uns in Urlaubsstimmung versetzt.

Wenn Sie frische Kräuter verwenden, so geben Sie die zarten, fein gehackten Blätter erst nach dem Garen zum Essen. Getrocknete und kräftigblättrige Kräuter (wie Rosmarin, Thymian und Salbei) sollten mitgekocht werden. Erst durch die Hitze und in Kombination mit Fett können sie ihr feines Aroma entfalten.

Minestrone

6 Personen
50 Minuten

3	Möhren
1 ½	Zucchini
650 g	weiße Dosen-Bohnen
2	Zwiebeln
1-2	Knoblauchzehen
600 g	Tomaten
225 g	Buchstaben-Nudeln oder Penne Rigate
3 EL	Olivenöl
2 EL	Tomatenmark
2 l	Gemüsebrühe
¾ Bund	Petersilie
6 Stängel	Thymian
1 ½ EL	ital. Kräutermischung
1 ½ TL	geriebene Zitronenschale Salz schwarzer Pfeffer Zucker
50 g	geriebener Parmesan

Tipp

Die Suppe lässt sich (ohne Nudeln) gut auf Vorrat kochen. Servieren Sie die Nudeln in diesem Fall separat, dann lässt sich der Rest der Minestrone problemlos für 2-3 Tage im Kühlschrank aufbewahren.

Zubereitung

- Möhren waschen, schälen und in Scheiben schneiden. Zucchini waschen, der Länge nach halbieren und in Stücke schneiden. Bohnen in einem Sieb abtropfen lassen. Zwiebeln und Knoblauch schälen und klein würfeln. Tomaten waschen und grob würfeln.

- Öl in einem Topf erhitzen, Zucchini unter Wenden 2-3 Min. anbraten. Zwiebeln und Knoblauch zugeben und kurz mitdünsten. Tomatenmark dazugeben und kurz anschwitzen, bevor Sie die Tomaten in den Topf geben und alles mit der Brühe ablöschen.

- Möhren zur Suppe geben, aufkochen und bei mittlerer Hitze etwa 8 Min. garen. In der Zwischenzeit die Nudeln nach Packungsanweisung in kochendem Salzwasser bissfest kochen und abgießen.

- Petersilie und Thymian waschen, trocken schütteln oder abtupfen und Blätter abzupfen. Etwas Thymian zum Garnieren beiseitelegen. Petersilie in feine Streifen schneiden. Bohnen, Petersilie, Thymian und italienische Kräuter zur Suppe geben, mit Salz, Pfeffer und Zucker abschmecken.

- Die Minestrone etwa 4 Min. bei mittlerer Hitze köcheln. 1 Min. vor Ende der Garzeit die Nudeln und die Zitronenschale dazugeben. In eine Servierschüssel umfüllen und mit Thymian garnieren. Geriebenen Parmesan dazu servieren.

Fenchel

Der Fenchel ist eine überaus vielfältig nutzbare Pflanze: Seine Blüten sind eine reiche Bienenweide und bieten die Grundlage für Sirup. Seine Früchte (Samen) sind eines der ältesten Gewürze der Welt. Als Tee helfen sie gegen Blähungen, Husten und Unruhe. Seine Knolle ist reich an Mineralstoffen, Vitaminen und ätherischen Ölen.

Letztere sind für sein starkes Aroma verantwortlich. Sie besitzen wertvolle Heileigenschaften, indem sie die Verdauung unterstützen, entzündungshemmend wirken und den Magen stärken. Sie fördern die Durchblutung und regen die Leber- und Nierentätigkeit an. Durch das Kochen verflüchtigen sich die ätherischen Öle, weshalb das Gemüse roh zubereitet noch gesünder ist. Roher Fenchel harmoniert in bunten Salaten gut mit Tomaten, Orangen, Oliven und Walnüssen.

In ein feuchtes Tuch gewickelt kann die Knolle maximal zwei Wochen im Gemüsefach des Kühlschranks aufbewahrt werden. Sie eignet sich (roh oder kurz blanchiert) auch gut zum Einfrieren.

Fenchel-Tomaten-Gratin mit Brotkruste

4 Personen

40 Min. + 30 Min. Backen

4	Fenchelknollen
500 g	Tomaten
1½ l	Wasser
2	Zitronen
1	helle Zwiebel
2	Knoblauchzehen
6 EL	Semmelbrösel
3 EL	geriebener Parmesan
3 EL	geriebener Hartkäse (Gouda)
6 EL	Olivenöl
	Salz
	Pfeffer

Zubereitung

- Fenchelknollen der Länge nach halbieren, die äußeren Schalen und harten Stiele entfernen. Fenchelgrün aufbewahren. Tomaten achteln.

- Die Zitronen auspressen und das Wasser mit dem Zitronensaft aufkochen. Wasser leicht salzen, die Fenchelhälften hineingeben, 20 Min. garen, herausnehmen und abtropfen lassen.

- Backofen auf 200° vorheizen. Eine feuerfeste Form mit Olivenöl ausstreichen. Fenchelhälften in die Form legen. Tomatenstücke dazwischen verteilen. Mit Salz und Pfeffer würzen.

- Fenchelgrün, Zwiebel und Knoblauch sehr fein hacken und in einer Pfanne mit Olivenöl goldbraun rösten. Mit den Semmelbröseln und dem Käse vermischen, über dem Fenchel verteilen und bei 180° (Umluft 160°, Gas Stufe 3-4) im vorgeheizten Ofen 20-30 Min. backen.

Dazu passen in Butter geschwenkte Bandnudeln.

Tipp

Die Semmelbrösel-Käse-Kruste verleiht diesem Gericht das gewisse Etwas. Wer es gehaltvoller mag, kann davon auch die doppelte Menge zubereiten.

Gewürze

Da es sich um ein leicht säuerlich schmeckendes Gericht handelt, dient die Zugabe von Rohrzucker als Ausgleich. Beim Abschmecken werden Sie spüren, wie viel Salz und Zucker nötig ist.

Bei diesem Gericht kommt der Einsatz von ein wenig Kümmel geschmacklich außergewöhnlich gut zum Tragen – auch für Kinder und Erwachsene, die Kümmel sonst meiden. Darum mit wenig Kümmel beginnen und eventuell zum Schluss noch einmal nachwürzen.

Tomatensoße mit roten Linsen

4-6 Personen

50 Minuten

12-14	frische Tomaten
700-1000 g	Karotten
2	helle Zwiebeln
1 Bund	frische Petersilie
350-400 g	getrocknete rote Linsen
500 g	Basmatireis
200-250 g	Butter
200-300 ml	Wasser
½ TL	Kümmel
max. ½ TL	Korianderkörner
1 TL	Rohrzucker
	Salz

Zubereitung

- Tomaten mit Haut inklusive der Hälfte ihres Kerninneren würfeln. Die andere Hälfte des Kerninneren in einem Gefäß sammeln und für später aufbewahren.

- Karotten schälen, längs halbieren und in 2-3 mm dicke Scheiben schneiden, die wie Halbmonde aussehen. Zwiebeln (nicht zu fein) würfeln. Petersilie klein schneiden.

- Rote Linsen und Reis nach Packungsanleitung kochen. Basmatireis ist schneller gar als Langkornreis. Bei Bedarf können Sie diesen in einer feuerfesten Schale mit Deckel im Ofen warmhalten.

- Butter in einem hohen Topf bei niedriger Hitze schmelzen lassen. Anschließend die Zwiebeln und die Tomatenwürfel bei mittlerer Temperatur etwa 10 Min. andünsten. Die Karotten dazugeben und das Gemüse salzen.

- Kümmel und getrocknete Korianderkörner dazugeben. Lassen Sie diese Mischung im Topf so lange vor sich hin köcheln, bis die Karotten weich sind.

- Rohrzucker hinzugeben und mit 200-300 ml Flüssigkeit aus zurückbehaltenem Tomateninneren und Wasser angießen. Mit Salz und Zucker ausgleichen.

- Zum Schluss die gekochten roten Linsen und die Petersilie dazugeben und abschmecken. Basmatireis dazu servieren.

Tipp

Das Linsengericht eignet sich sehr gut zum Aufwärmen. Möchten Sie den Rest am nächsten Tag ein wenig strecken, geben Sie Tomatenpolpa und ein wenig Wasser dazu und schmecken es noch einmal mit Salz und Zucker ab.

Putengeschnetzeltes Hawaii

4 Personen
60 Minuten

700 - 800 g	Putenbrust
2	Zwiebeln
6 - 7	reife Bananen
1 gr. Dose (470 g)	Pfirsiche
1 kl. Dose (340 g)	Ananas (Stücke oder Ringe)
etwas	Öl zum Anbraten
1 EL	Mehl zum Bestäuben
etwas	Agavendicksaft
¼ l	heiße Hühnerbrühe
200 ml	Sahne
nach Geschmack	Currypulver mild Salz

Currypulver

Je nach Zubereitung besteht die Gewürzmischung aus mindestens 4 bis 10, manchmal sogar bis zu 36 verschiedenen Gewürzen. Die bekanntesten sind Kreuzkümmel, Koriander, Kurkuma, Ingwer, Kardamom, Cayenne- und schwarzer Pfeffer, Piment, Paprika, Nelken, Macis, Zimt und Bockshornklee. Kurkuma, Bockshornklee und Ingwer geben dem Currypulver seine charakteristische Farbe.

In Indien, dem Ursprungsland des Currys hat nahezu jede Familie ihre eigenen Curry-Rezepturen. Unter *Curry* verstehen die Inder nicht die Gewürzmischung, sondern die Schmorgerichte aus Fleisch, Fisch, Geflügel und Gemüse.

Zubereitung

- Die Putenbrust unter fließendem kalten Wasser abwaschen, mit Küchenkrepp trockentupfen und schnetzeln. Die Zwiebeln würfeln.

- Pfirsiche und Ananas abgießen, dabei den Saft auffangen, zusammenschütten und beiseitestellen. Pfirsiche in Würfel, Ananas in Stücke und Bananen in etwa 5 mm dicke Scheiben schneiden.

- Öl in einer großen Pfanne erhitzen und das Fleisch mit den Zwiebeln darin anbraten.

- Nach 2 Min. die Bananen dazugeben. Mit etwas Salz und Currypulver abschmecken, bis die Soße fein nach mildem Curry schmeckt und eine leicht gelbliche Farbe angenommen hat.

- Nach weiteren 2 Min. geben Sie die Pfirsich- und Ananasstücke hinzu und braten diese 2 Min. mit an. Nun das Mehl über den Pfanneninhalt streuen und kräftig umrühren. Sobald die Soße eindickt, unter Rühren den Pfirsich-Ananas-Saft dazugeben, bis eine sämige Soße entstanden ist.

- Nach Geschmack mit Agavendicksaft süßen. Die heiße Brühe aufgießen und aufkochen lassen. Die Sahne unterrühren und die Soße noch einmal mit Currypulver, Salz und Agavendicksaft abschmecken. Sollte zu wenig Flüssigkeit vorhanden sein, etwas Wasser aufgießen.

- Alles weitere 5 Min. bei kleiner Hitze köcheln lassen, dann noch einmal abschmecken.

Dazu passt Basmatireis.

Knoblauch zubereiten

In den beiden Spitzen sowie im mittleren Strunk der Knoblauchzehe befindet sich der Hauptsäureanteil der Zehe. Daraus entsteht beim Zerkleinern das kurzfristig gesundheitsfördernde Allicin. Über das Blut aufgenommen und über Haut und Lunge ausgeschieden, ist Allicin auch für den typischen Knoblauchduft verantwortlich.

Wer diesen vermeiden möchte, entfernt (kupiert) die beiden Spitzen der Knoblauchzehe vor der weiteren Verwendung, halbiert sie und löst den mittleren Strunk heraus. Weil beim Pressen Bitterstoffe entstehen können, ist es besser den Knoblauch nicht zu pressen, sondern klein zu schneiden oder mit Salz zu einer Paste zu verreiben.

Albóndigas

4 Personen 👪
60 Minuten ⊙

Hackfleischbällchen

500 g	Hackfleisch (gemischt oder Rind)
30 g	Pinienkerne, klein gehackt
1 gestr. TL	gemahlener Kümmel
2	Knoblauchzehen (gepresst oder mit Salz zu einer Paste verrieben)
1	Ei
2 - 3 EL	Paniermehl
2 EL	Petersilie, gehackt
	Salz
	Pfeffer aus der Mühle
	Olivenöl zum Anbraten

Für die Soße

250 g	Zwiebeln
1	roter Paprika
1	gelber Paprika
3	Knoblauchzehen
2	Lorbeerblätter
2 gestr. TL	Thymian (getrocknet)
2 - 3 EL	Tomatenmark
1 - 2 TL	Zucker
1 gr. Dose	Tomaten, gehackt
1 TL	Gemüsebrühe
	Salz
	Pfeffer aus der Mühle
1	Chilischote, getrocknet aus der Mühle oder fein gehackt

Zubereitung

Hackfleischbällchen

♦ Das Hackfleisch mit allen Zutaten ordentlich verkneten und daraus kleine walnussgroße Bällchen formen. Die Bällchen in etwas Olivenöl von allen Seiten bei mittlerer Hitze gut anbraten, anschließend aus der Pfanne nehmen und beiseitestellen.

Soße

♦ Die Zwiebeln und Paprikaschoten fein würfeln, den Knoblauch in feine Scheiben schneiden und alles gemeinsam im verbliebenen Bratfett glasig dünsten.

♦ Die Lorbeerblätter und den Thymian zugeben und weitere 2 Min. dünsten. Anschließend das Tomatenmark unterrühren, mit Zucker bestreuen und leicht karamellisieren lassen. Die gehackten Tomaten dazugeben, etwas Wasser aufgießen und die Soße 1 mal aufkochen lassen.

♦ Mit Salz, Pfeffer, Gemüsebrühe und etwas Chili abschmecken und mindestens 20 Min. – auf jeden Fall aber so lange, bis die Soße sämig wird – bei geringer Hitze köcheln lassen.

♦ Zum Schluss die Hackfleischbällchen in die Soße geben und darin gar ziehen lassen. Die Hackfleischbällchen in der Soße warm oder heiß servieren.

Tipp

Die Bällchen lassen sich prima einfrieren. Zehnerweise portioniert haben Sie schnell eine Portion Tapas aufgetaut, die sich wunderbar mit anderen Kleinigkeiten kombinieren lässt. Dazu passt unsere Kartoffelbeilage (Rezept S. 81) oder ein frisches Weißbrot.

Zucchini

sind wahre Multitalente: Durch ihren dezenten Eigengeschmack lassen sie sich mit anderem Gemüse genauso gut kombinieren wie mit Fleisch, Fisch und Eiern. Ob als Suppe, Salat, Soße oder Auflauf, sie sind nicht mehr aus unserer Küche wegzudenken. Obwohl sie zum größten Teil aus Wasser bestehen, sind sie reich an Kohlenhydraten, Eiweiß, Ballaststoffen, Natrium, Kalium und Calcium. Außerdem liefern sie uns die wertvollen Vitamine A und E.

Werden Zucchini im eigenen Garten angebaut, gilt wie bei Gurken und Kürbisgewächsen: Bittere Früchte dürfen auf keinen Fall gegessen werden, denn sie enthalten das lebensgefährlich giftige Cucurbitacin! Ein Geschmackstest vor der Zubereitung ist unbedingt anzuraten! Testen Sie eine dünne Scheibe von beiden Seiten der Frucht, das kann Sie vor einer Vergiftung schützen. Schmeckt das Gemüse bitter, den Bissen sofort wieder ausspucken.

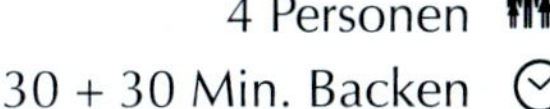

Auflauf á la Zia Eva Rozzo aus Triest

4 Personen
30 + 30 Min. Backen

600 g	Zucchini
600 g	gehackte Dosen-Tomaten
1	Knoblauchzehe
1 Zweig	Rosmarin
1 TL	getr. Oregano
1 TL	Gemüsebrühe
2 EL	frisches Basilikum
250 g	Mozzarella
50 g	Parmesan
5	schwarze Oliven
1 TL	Kapern
4 EL	Olivenöl
1 Prise	Zucker
	Salz
	Pfeffer

Zubereitung

- Die Zucchini waschen und in 1 cm dicke Scheiben schneiden. Den Knoblauch fein hacken und in einer Pfanne in 1 EL Olivenöl goldgelb anbraten. Die Pizzatomaten zugeben, mit Salz und Pfeffer würzen.

- Die Rosmarinnadeln fein hacken und mit Oregano, der Gemüsebrühe und 1 Prise Zucker zu den Tomaten geben. Etwa 15 Min. sanft köcheln lassen.

- In der Zwischenzeit die Zucchinischeiben nacheinander im restlichen Olivenöl in einer 2. Pfanne von beiden Seiten bei mittlerer Hitze anbraten. Den Mozzarella in Scheiben schneiden, den Parmesan fein reiben.

- Den Ofen auf 180° vorheizen. Zucchini, Tomatensoße und Mozzarella dachziegelartig in eine eckige Auflaufform schichten. Oliven in Ringe und Basilikumblätter in feine Streifen schneiden. Oliven, Kapern und die Hälfte des Basilikums über den Auflauf streuen. Mit dem geriebenen Parmesan bestreuen und auf mittlerer Einschubleiste etwa 30 Min. backen. Mit frischem Basilikum bestreut servieren.

Tipp

Variieren Sie den bislang vegetarischen Auflauf, indem Sie vor dem Backen klein gezupfte Sardellenfilets darüberstreuen. Sie harmonieren gut mit Oliven und Kapern und verleihen Tomaten und Zucchini noch etwas zusätzliche Würze.

Sommer-Beilagen:

je 10 Personen

je 30 Minuten

Tomaten-Paprika-Salsa

800 g	bunte Paprikaschoten (überwiegend rot)
500 g	Pizza-Tomaten (a.d. Dose)
2 - 3	frische Chilischoten (oder 1 TL Pul Biber)
1 gr.	rote Zwiebel
2	Knoblauchzehen
5 - 6 EL	Olivenöl
3 EL	Rotweinessig
3 TL	Salz
3 EL	gehackte Petersilie

Zubereitung

- Paprika waschen, halbieren, das Kerngehäuse entfernen und in kleine Stücke schneiden. Chili, Zwiebel und Knoblauch ebenfalls klein schneiden.

- Erwärmen Sie das Gemüse mit etwas Olivenöl leicht in einem Topf, und geben Sie nach 5 Min. die restlichen Zutaten dazu. Nun wird alles mit dem Pürierstab fein püriert und anschließend aufgekocht.

- Lassen Sie die Salsa etwa 10 Min. kochen und pürieren Sie bei Bedarf noch nach, bis Ihnen die Konsistenz gefällt. Nun schalten Sie den Herd aus und füllen die Salsa wie Marmelade noch heiß in zuvor abgekochte Gläser mit Schraubverschluss. Verschließen Sie die Deckel sorgfältig, und stellen Sie diese etwa 5 Min. auf den Kopf. Ist die Salsa abgekühlt, sollte der Deckel auf Druck nicht mehr nachgeben. So hält sich die Salsa kühl und dunkel aufbewahrt mehrere Monate.

Passt zu Taco-Chips oder zu Gebratenem und Gegrilltem. Sie können die Salsa auch als Zutat zu einem Salatdressing oder einer Tomatensoße verwenden.

Tomaten-Oliven-Butter

300 g	getrocknete Tomaten, in Öl eingelegt
10 Stück	schwarze Oliven
500 g	weiche Butter
3 - 4	Knoblauchzehen
4 EL	Tomatenmark
1 EL	Basilikum, getrocknet
	Salz

Zubereitung

- Zimmerwarme Butter mit der Gabel zerdrücken. Getrocknete Tomaten und Oliven klein schneiden, Knoblauchzehen schälen, kupieren (Enden abschneiden) und der Länge nach halbieren. Den mittleren Strunk entfernen und die Hälften durch die Knoblauchpresse auf die weiche Butter drücken.

- Alle Zutaten mit der Butter vermischen, indem Sie die Masse mit einer Gabel breitdrücken. Mit Salz abschmecken. In ein schönes Gefäß füllen und kaltstellen.

Passt zu frischem Brot als Aufstrich und zu gebratenem Fleisch, Fisch oder Gemüse.

Tipp

In einem hübschen Gefäß angerichtet, eignet sich sowohl die Butter als auch die Salsa als schönes Mitbringsel für Buffets und Grillfeste.

Kartoffelbeilage

1 kg	Kartoffeln
125 ml	Gemüsebrühe
500 ml	Milch
2	Knoblauchzehen
	Pfeffer
50 ml	Sauerrahm
	Kräuter nach Geschmack, z.B. Muskatnuss, Rosmarin oder Kräuter der Provence

Für den Auflauf zusätzlich

100 g	Gratinkäse (z.B. Mozzarella) zum Überbacken

Tipp

Kartoffelreste lassen sich gut am nächsten Tag als Auflauf weiterverarbeiten. Mit Speck, Würstchen oder Ei kombiniert, ist schnell ein neues Hauptgericht zubereitet.

Zubereitung

- Kartoffeln schälen und in etwa 1 cm dicke Scheiben schneiden. Mit Brühe und Milch in einen weiten Topf geben. Den Knoblauch schälen und für einen milden Geschmack in ganzen Zehen dazugeben und nach dem Kochen wieder entfernen. Für einen würzigen Geschmack den Knoblauch zerdrückt verwenden. Die Kartoffeln mit Pfeffer würzen und in etwa 20 Min. weichkochen.

- Am Ende den Sauerrahm untermischen. Nicht mehr kochen. Nach Geschmack mit Kräutern bestreuen.

Alternativ als Auflauf

- Kartoffeln nur 15 Min. kochen, bis sie fast weich sind. In eine gefettete Auflaufform geben und mit geriebenem Käse bestreuen. Bei 180° (Umluft) etwa 20 Min. im Ofen überbacken.

Klassische Mehlschwitze

Wer auf Fertigsoßen verzichten möchte, kann diese (egal ob süß oder pikant) ganz einfach selbst zubereiten:

Für die Mehlschwitze in einem Topf 1 EL Butter schmelzen lassen. Topf von der Herdplatte nehmen, mit einem Schneebesen 2 EL Mehl ein- und glattrühren. Nach und nach die Flüssigkeit (250 ml) dazu geben und alles glattrühren. Den Topf wieder auf die Platte stellen und unter ständigem Rühren einmal kurz aufkochen lassen. Sollte die Soße zu dick sein, noch etwas Flüssigkeit dazugeben.

Kirschenmichel

4 Personen (Hauptgericht)
30 Min. + 50 Min. Backen

10	helle Brötchen (oder Baguette) vom Vortag
400 ml	warme Milch
1 Glas (370 g)	Kirschen
4	Eier
80 g	Butter, geschmolzen
80 g	Zucker
1 Pk	Vanillezucker
1	Bio-Zitrone (Schale)
50 g	Mandelstifte

Für die Vanillesoße

2 EL	Butter
4 EL	Mehl
500 ml	Milch
2	Vanilleschoten, ausgeschabt
3-4 EL	Zucker

Zubereitung

◆ Brötchen in etwa 1 cm dicke Scheiben schneiden, in eine große Schüssel geben, mit der warmen Milch übergießen und ziehen lassen, bis die Flüssigkeit vollständig aufgesaugt ist.

◆ Kirschen in einem Sieb abtropfen lassen. Den Saft auffangen und für eine Kirschgrütze beiseitestellen.

◆ Eier trennen und Eiweiß steif schlagen. Eigelb mit geschmolzener Butter und Zucker schaumig rühren. Zitrone heiß waschen, trocknen und Schale abreiben. Mit dem Vanillezucker unter den Eierschaum rühren und die Masse vorsichtig unter den Eischnee heben.

◆ Kirschen und Mandeln mit der Brötchenmasse mischen. Anschließend den Eierschaum vorsichtig unterheben.

◆ Alles in eine gefettete Auflaufform geben und in 45-60 Min. im vorgeheizten Backofen auf der mittleren Schiene bei 180-200° backen.

◆ **Für die Soße** aus Butter und Mehl (wie links im Kasten beschrieben) eine helle Mehlschwitze herstellen. Milch unter Rühren angießen, kurz aufkochen und mit Vanillemark und Zucker abschmecken.

◆ Möchten Sie den Kirschsaft weiterverwenden, stellen Sie auf dieselbe Weise aus diesem mit Wasser auf ¼ l gestreckten Saft eine Kirschgrütze her. Fruchtgrütze und Vanillesoße kaltstellen.

Tipp

Bereiten Sie den Brotauflauf mit frischen Kirschen oder alternativ mit 750 g Äpfeln und einer Handvoll Rosinen zu. Dazu die Äpfel schälen und in schmale Spalten schneiden. Mit etwas Zitronensaft beträufeln und mit Zimt bestreuen.

Waldbeeren

Seit Jahren ist das Pflücken von frischen
Waldbeeren in Verruf geraten. Der Fuchs-
bandwurm und die Folgen einer Infektion
mit dem Parasiten lauern auf jeder Beere.
Objektiv betrachtet ist die Wahrscheinlich-
keit, sich über den Verzehr von Waldbeeren
zu infizieren, verschwindend gering. Die
Gefahr, jene mit giftigen Beeren zu verwech-
seln, ist viel größer. Darum: Essen Sie nur,
was Sie eindeutig zuordnen können!

Das jedoch lohnt sich, denn der Genuss von
frisch gepflückten Waldbeeren ist durchaus
zu empfehlen: Sie enthalten viele Antioxi-
dantien und können somit ihren Beitrag zum
Schutz vor Alterserkrankungen wie Alzheimer leisten. Brombeeren, Blaubeeren und
schwarze Johannisbeeren sind zudem reich
an sogenannten Anthocyanen, die eine entzündungshemmende Wirkung aufweisen.

Sahnereis-Dessert mit Waldbeeren

6-8 Personen

40 Minuten

250 g	weißer Basmatireis
500 ml	Wasser
1 Pk	Vanillezucker
700 g	Waldbeeren
2-3 EL	Zucker
1	Vanilleschote
600 ml	Sahne

Zubereitung

- Reis in ein Sieb geben und unter fließendem kalten Wasser abspülen. Das Wasser in einem Topf zum Kochen bringen, Reis dazugeben und bei geringer Hitze etwa 20 Min. weichkochen, bis der Reis alle Flüssigkeit aufgesaugt hat. Den Vanillezucker untermischen, solange der Reis noch warm ist. Bei Zimmertemperatur abkühlen lassen.

- Früchte und Beeren abzupfen, waschen und bei Bedarf zerkleinern. Vanilleschote auskratzen. Beeren in eine Schüssel geben, mit Zucker und Vanillemark vermengen und ziehen lassen.

- Sahne mäßig steif schlagen und vorsichtig unter den erkalteten Reis heben.

- Sahnereis im Wechsel mit den Früchten schichtweise in hohe Gläser füllen und noch einmal kaltstellen oder gleich servieren.

Tipps

Wenn es mal schnell gehen soll, verwenden Sie einfach Tiefkühlbeeren, die Sie zuvor auftauen und in einem Sieb abtropfen lassen.

Statt in Wasser können Sie den Reis auch in Milch kochen. So wird die Reismasse sämiger und Sie brauchen etwas weniger Sahne.

Schlagen Sie die Sahne nicht zu steif, sonst kann es passieren, dass sie sich nicht mehr richtig mit dem Reis verbindet und beim Unterheben ausflockt.

Mango-Sahne-Dessert

6 Personen
20 Minuten + Kühlen

1 l	Mangosaft
150 g	Zucker
2 Pk	Vanillezucker
	oder 2 TL gemahlene Vanille
3 Pk	Vanillepuddingpulver
1	reife Mango
400 ml	Sahne

Zubereitung

- Vom Mangosaft einige EL abnehmen. Darin den Zucker, Vanillezucker und das Puddingpulver auflösen. Den restlichen Saft in einem Topf zum Kochen bringen. Vom Herd nehmen und die Mischung einrühren. Unter Rühren noch einmal kurz aufkochen.

- Pudding abkühlen lassen. Dabei immer wieder umrühren, damit keine Haut entsteht.

- Mango schälen, in feine kleine Spalten schneiden und unter den Pudding heben. Für die Dekoration ein paar Spalten zur Seite legen.

- Sahne steif schlagen und diese mit einem Schneebesen unter den kalten Pudding heben.

- In Schälchen abfüllen und in den Kühlschrank stellen. Vor dem Servieren mit 2-3 Mangospalten dekorieren.

Mango

Ursprünglich aus Indien stammend, wird sie heute auch in vielen anderen Ländern angebaut und ist bei uns in den meisten Supermärkten erhältlich. Es lohnt sich beim Einkauf auf gute Qualität zu achten. Billige Mangos sind oft faserig und fade im Geschmack. Sogenannte *Flugmangos* werden reif gepflückt. Ihr zartes faserfreies Fruchtfleisch schmeckt wunderbar süß. Eine reife Frucht erkennen Sie an ihrem süßlichen Geruch und an den kleinen schwarzen Punkten auf der Schale. Auf vorsichtigen Druck gibt die Schale leicht nach.

Die Mango ist reich an Beta-Carotin und anderen wichtigen Vitaminen (C, E, B1, Folsäure). Diese wertvollen Inhaltsstoffe spielen eine große Rolle bei der Zellerneuerung und der Stärkung unseres Immunsystems.

Tipp

Verwenden Sie alternativ Orangensaft und verzieren Sie das Dessert mit Orangenspalten und Schokostreuseln. In diesem Fall jedoch keine Früchte unter den Pudding mischen. Orangen sind dafür zu saftig, sie würden nur das Festwerden des Puddings verhindern.

Sommer-Extra: Smoothies & Getränke

👪 jeweils 2 Personen

🕐 jeweils 15 Minuten

Dreierlei Smoothies

Roter Beeren-Smoothie

1 Tasse	frische/TK-Himbeeren oder Erdbeeren
1	dünne Scheibe Bio-Zitrone mit Schale
1 Stängel	Minze
2	reife Bananen
¼	Bio-Ananas oder Mango
200 ml	Wasser

Grüner Blätter-Smoothie

1	Bio-Gurke mit Schale
1 ½	Tassen Bio-Feldsalat oder Spinat
2	Bananen
½	Bio-Ananas
1	dünne Scheibe Bio-Zitrone mit Schale
1 Stängel	Minze oder Zitronenmelisse
etwas	junger Löwenzahn und Brennessel
200 ml	Wasser

Grüner Detox-Smoothie

1	grüner Apfel
30 g	grüne ungeröstete Kürbiskerne
1	geschälte Zitrone
½	Gurke
2 EL	frisches Basilikum
1 EL	Chiasamen
200 ml	Wasser

Zubereitung

- Obst und Gemüse waschen. Ananas, Mango und Bananen schälen; die Zitrone nur für den Detox-Smoothie schälen. Alles grob zerkleinern und mit den gewaschenen Kräutern und dem Wasser in den Mixer geben.

- Alles im Mixer oder mit einem Pürierstab auf höchster Stufe etwa 3 Min. pürieren, bis eine cremige Konsistenz entstanden ist.

- In Gläser füllen und mit ein paar zurückbehaltenen Kräuterblättchen oder Beeren dekorieren. Bis zum Verzehr im Kühlschrank aufbewahren.

Tipp

Geben Sie den Smoothies mit frischen Kräutern aus dem Garten Ihre persönliche Note.

ergibt jeweils 3 Liter 👪
je 15 Minuten + Kühlen 🕐

Zubereitung Eistee

- ◆ Übergießen Sie die Teebeutel mit 2 l kochendem Wasser. Den Ingwer in feine Scheiben schneiden und in einem weiteren ½ l Wasser köcheln lassen.

- ◆ Nachdem der Tee 10 Min. gezogen hat, geben Sie das gekochte Ingwerwasser dazu, dann lassen Sie das Getränk abkühlen. Zitronenscheiben dazugeben und im Kühlschrank kaltstellen.

Zweierlei Erfrischungsgetränke

Ingwer-Zitronen-Eistee

2 Teebeutel	milder Früchtetee (z.B. Flamingotee von Sonnentor)
5 Scheiben	Bio-Zitrone
1 cm	geschälter Ingwer

Zitronen-Minze-Wasser

3	Bio-Zitronen
2-3 Stängel	Minze
nach Geschmack	Apfelsaft und Agavendicksaft Eiswürfel
1-2	3-Liter-Getränkespender

Zubereitung Zitronen-Wasser

- ◆ Bringen Sie 2 ½ l Wasser zum Kochen. Von 1 ½ Zitronen pressen Sie den Saft aus, die restlichen Zitronen schneiden Sie in Scheiben. Beides geben Sie ins noch warme Wasser und lassen es anschließend abkühlen.

- ◆ Acht Blätter Minze in feine Streifen schneiden und mit der restlichen Minze in das abgekühlte Getränk geben.

Beide Erfrischungsgetränke fertig zubereiten

- ◆ Vor dem Servieren schmecken Sie beide Getränke mit Apfelsaft und Sirup ab, gießen sie in 3-Liter-Getränkespender und füllen diese bis oben hin mit Eiswürfeln auf.

Herbstliche Sehnsucht ...

Ganz plötzlich ...

... über Nacht geschieht es. Manchmal schon Ende August, oft auch erst im September: Gerade ist noch ein heißer Hochsommertag, und die Natur sehnt sich nach Regen. In den vergangenen Wochen haben wir unzählige Stunden damit zugebracht, unsere Gärten notdürftig zu bewässern. Dann kommt er endlich, der lang ersehnte Regen. Die warmen Wassertropfen warten geduldig darauf, von der Erde aufgenommen zu werden. Diese ziert sich zunächst, doch gibt sie nach und nach den Weg zum Wurzelwerk der Pflanzen frei. Es kommt die Nacht.

Am nächsten Tag ist es Herbst. – Die Nächte werden kühler, die Pflanzen schrauben ihren Wasserbedarf radikal zurück, manche stellen schon ihr Wachstum ein. Die gerade noch vertrocknete Erde legt sich langsam unter einem Teppich aus Laub zur Ruhe.

Und wir? Wir blicken schon wehmütig dem Sommer hinterher, obwohl doch jetzt die Zeit anbricht, in der wir seine in den reifen Früchten gespeicherte Wärme kulinarisch genießen dürfen.

Erntedank

Während sich die überschwängliche Vegetationsperiode dem Ende zuneigt, ist nun auch die Ernte der späten Sorten in vollem Gange. Viele lassen sich unter den richtigen Bedingungen gut einlagern: So werden uns unter anderem Kartoffeln, Möhren, Zwiebeln, Kürbisse, Äpfel, Birnen, Nüsse, Maronen, Mais und Getreide in den kommenden Monaten als Vorrat dienen. Die weniger haltbaren Sorten werden in Form von Marmelade, Mus, Kompott, Saft und sauer eingelegtem Gemüse haltbar gemacht. Auf den Feldern halten uns Spinat und Mangold, Kohl und Fenchel, Lauch, Rote Bete und weitere Sorten, die der herbstlichen Witterung trotzen, die Treue. Sie werden uns die nächsten Wochen über mit wertvollen Nähr- und Vitalstoffen versorgen.

Mit den abnehmenden Temperaturen nimmt unser Appetit auf nahrhafte Gerichte zu, mit denen wir eine unbestimmte Sehnsucht stillen wollen: Kombinieren Sie unsere sahnigen Suppen und Soßen mit knackigfrischen Herbst-Salaten, und gönnen Sie sich ein Dessert, das trübe Herbstgedanken vertreibt.

... kulinarisch gestillt

Herbstzeit ist Kürbiszeit

Ebenfalls über Nacht stehen Sie plötzlich allerorten am Straßenrand, kunstvoll aufgetürmt und zum Kauf angeboten: Kürbisse von unterschiedlichster Größe, Farbe, Form und vielfältig im Geschmack. Aus ihrem Fruchtfleisch werden Suppen, Chutneys, Aufläufe, Pürees, Gemüse, Marmeladen und Kuchen hergestellt. Roh geraspelt schmecken sie auch in Salaten.

gerippte Schale wie gemalt aussehen. Sein Fruchtfleisch ist leuchtend gelborange. Geschmacklich überzeugt er mit saftigem Fruchtfleisch, das leicht ins Säuerliche tendiert sowie einer feinen Muskatnote.

Hokkaido-Kürbis (Bild links): Er ist vielseitig und einfach zuzubereiten. Seine grüne bis orangefarbene Schale ist so dünn, dass man sie mitessen kann. Geschmacklich überzeugt uns der kleine, nur 15 bis 25

Das ist nicht Sommer mehr, das ist September ... Herbst:
diese großen weichen Wolken am Himmel,
diese feinen weißen Spinnwebschleier in der Ferne
und hinter den Gärten mit den Sonnenblumen
der ringelnde Rauch aufglimmender Krautfeuer ...
und diese süße weiche Müdigkeit und diese
frohe ruhige Stille überall und trotzdem wieder
diese frische, satte, erntefreudige, herbe Kraft ...
das ist nicht Sommer ... das ist Herbst.

(Cäsar Otto Hugo Flaischlen, 1897)

Hunderte verschiedene Kürbissorten wurden bereits gezüchtet. Wir möchten im Folgenden nur drei besonders schmackhafte Varianten vorstellen:

Der **Muskat-Kürbis** (Bild S. 90), der bis zu 20 Kilogramm auf die Waage bringen kann, zählt wie sein engster Verwandter, der Butternut-Kürbis, zu den Moschus-Kürbissen. In Kombination mit seinen leuchtenden Farben von Dunkelgrün bis Hellbraun lässt ihn seine kunstvoll

Zentimeter dicke Kürbis mit seinem milden und nussigen Aroma.

Butternut-Kürbis (Bild rechts): Dieser Kürbis besitzt einen hohen Fruchtfleischanteil. Seine Schale ist dünn, trotzdem sollte er im Gegensatz zum Hokkaido geschält werden. Kerne besitzt er nur wenige. Wir lieben sein buttriges, leicht nussiges Aroma und sein zartes Fruchtfleisch, das auf der Zunge zerfällt, vor allem in unserer Kürbis-Lachs-Lasagne (S. 110).

Fenchel-Apfel-Paprika-Salat

4-6 Personen 👪
25 Minuten 🕐

2 große   Fenchelknollen
1 großer   roter Paprika
   4-5   Äpfel, z.B. Braeburn

Für die Vinaigrette

3 EL   weißer Balsamico-Essig
1 EL   Agavendicksaft
1 EL   Sojasoße
1 EL   Traubenkernöl

Tipp

Für dieses Rezept lohnt es sich, jedes einzelne Fenchelblatt von der Knolle zu lösen und der Länge nach in sehr feine Streifen zu schneiden. So kann sich im Salat ein angenehm mildes Fenchelaroma entfalten, das nicht dominant wirkt.

Zubereitung

- Fenchel putzen, Blätter voneinander lösen und einzeln der Länge nach in sehr feine Streifen schneiden. Den geschnittenen Fenchel in eine Schüssel geben.

- Den Paprika waschen, halbieren und entkernen. Anschließend in 3 cm breite Schnitze teilen und diese quer in 3 mm schmale Spalten schneiden.

- Die Äpfel achteln und entkernen. Die Achtel quer in etwa 3 mm dünne Streifen schneiden, so dass schmale Apfeldreiecke entstehen.

- Paprika und Äpfel zum Fenchel geben und alles miteinander in der Schüssel vermengen.

- Die Zutaten für die Vinaigrette einzeln direkt über den Salat geben. Dabei mit Essig beginnen, Agavendicksaft und Sojasoße ergänzen und mit Öl abschließen. Immer wieder abschmecken. Je nach persönlichem Geschmack und Süße der Äpfel ist etwas mehr oder weniger Agavendicksaft nötig.

Apfel und Paprika

"An apple a day keeps the doctor away" sagt uns ein altes englisches Sprichwort. Da ist was Wahres dran, denn Äpfel helfen uns unter anderem dabei, Asthma vorzubeugen, uns vor Krebs zu schützen, die Leber zu reinigen und die Darmflora zu sanieren. Paprika können hier durchaus mithalten. Roh und mit Schale verzehrt ist beides am gesündesten. Schmackhaft ist die Kombination obendrein. Ob mit Fenchel oder Chinakohl (S. 94), die beiden sorgen für ein fruchtigsüßes Aroma, das gut zu herzhaften Hauptspeisen passt.

Chinakohl mal zwei

Chinakohl mit Apfel und Paprika

1	Chinakohl (mittlere Größe)
½	Apfel, z.B. Braeburn
½	roter Paprika

Für die Vinaigrette

3 - 4 EL	weißer Balsamico-Essig
4 EL	Traubenkernöl
1 - 2 EL	Agavendicksaft

Chinakohl

Der Chinakohl stammt tatsächlich ursprünglich aus China, wo man das mit unserem Kohl nur entfernt verwandte knackige Gemüse schon seit Jahrhunderten kennt. Bei uns werden die bis zu zwei Kilo schweren Kohlköpfe erst seit Beginn des 20. Jahrhunderts angebaut. Seine länglichovale Form und die gekrausten Blätter, die am unteren Ende dunkelgrün sind und sich nach oben hin immer heller färben, machen ihn unverwechselbar.

100 Gramm Chinakohl enthalten mit 25 Milligramm bereits ein Viertel der von der Deutschen Gesellschaft für Ernährung empfohlenen Tagesmenge an Vitamin C. Wie alle anderen Vitamin-C-Lieferanten ist auch er roh am gesündesten. Beim Garen geht das Vitamin C schnell verloren, so dass er nur kurz und schonend erhitzt werden sollte, was neben dem Nährstoffgehalt auch seinem Geschmack zugutekommt: Auf diese Weise bleibt er schön knackig.

Chinakohl mit Zwiebeln

jeweils 6-8 Personen
jeweils 20 Minuten

1	Chinakohl (mittlere Größe)
1	Ziebel
2 EL	gehackte Petersilie

Für die Vinaigrette

4-5 EL	weißer Balsamico-Essig
6 EL	Traubenkernöl
1 EL	Agavendicksaft
1 TL	Sojasoße
	Salz
	Pfeffer

Zubereitung

- Chinakohl halbieren und in dünne Streifen schneiden.
- Die Zutaten für die Vinaigrette in einen Mixer oder ein hohes Gefäß geben und mit dem Mixer oder einem Pürierstab auf hoher Stufe sämig mixen.

Variante "Apfel-Paprika"

- Den Apfel waschen, achteln und das Kerngehäuse mit einem kleinen scharfen Messer herausschneiden. Nun die Apfelschnitze quer in schmale Spalten schneiden.
- Den Paprika waschen, Kerne und Häutchen entfernen und in Spalten schneiden. Anschließend wie die Apfelschnitze quer in schmale Spalten schneiden.

Variante "Zwiebel"

- Die Zwiebel schälen und in sehr feine Würfel schneiden. Die feinen Zwiebelwürfel in eine Schüssel geben, darauf den geschnittenen Chinakohl verteilen.
- Petersilie waschen, trockentupfen und kleinhacken. Erst unmittelbar vor dem Servieren über den Salat streuen.

- Chinakohl mit **Apfel und Paprika**, bzw. **Zwiebel** in einer großen Schüssel mit der Vinaigrette übergießen, vermengen und abschmecken. Dabei nach Bedarf mit Essig, Öl, Sojasoße, Agavendicksaft und Salz nachwürzen.

Passt gut zu herzhaften Fleischgerichten und zu (vegetarischen) Bratlingen (z.B. zu unseren Mais-Bratlingen auf S. 114).

Bunter Herbstsalat mit frischem Spinat

6-8 Personen
30-40 Minuten

½ Kopf   Eisbergsalat
½ Kopf   Radicchio
½ Kopf   Eichblattsalat
2 Handvoll   Rucola
2 Handvoll   junger Blattspinat
150-200 g   kleine Tomaten
1   Gurke
2 kleine   Äpfel

1   rote Zwiebel
2 EL   Traubenkernöl
2 EL   heller Rohrohrzucker
2 EL   weißer Balsamico-Essig
4 EL   Kerne-Mix
      (z.B. Sonnenblumen-
      und Kürbiskerne)

Für das Dressing

4 EL   Olivenöl
1 EL   Kürbiskernöl
1 EL   Leinöl
1 EL   dunkler Balsamico-Essig
1 EL   Agavendicksaft
      Salz
      Pfeffer

Zubereitung

- Die Blattsalate waschen und trockenschleudern. Den Eisbergsalat und den Radicchio in feinere Streifen schneiden, den Eichblattsalat und den Rucola in mundgerechte Stücke zupfen. Die kleinen Babyspinatblätter bleiben ganz.

- Die Tomaten sowie die Gurke gründlich waschen. Die Tomaten halbieren oder in Scheiben schneiden. Die Gurke längs streifig schälen, so dass etwa die Hälfte der Schale verbleibt. Die Gurke der Länge nach vierteln und in 1 cm dicke Scheiben schneiden.

- Die Zwiebel schälen und in schmale Ringe schneiden. Die Zwiebelringe mit dem Traubenkernöl in einer Pfanne mäßig erhitzen. Wenn sie nach etwa 2 Min. beginnen glasig zu werden, den Zucker darüberstreuen und kurz bei größerer Hitze karamellisieren lassen. Hitze wieder reduzieren, mit weißem Balsamico ablöschen und die Flüssigkeit kurz einreduzieren lassen.

- Tomaten, Gurken und Zwiebeln gemeinsam in eine Schüssel geben und leicht salzen.

- Die Zutaten für das Dressing in einen Schüttelbecher geben und gut vermischen. Über die Tomaten-Gurken-Zwiebel-Mischung geben und vorsichtig vermengen.

- Die Kerne in einer trockenen Stielpfanne anrösten und abkühlen lassen. Die Äpfel waschen, in Achtel schneiden und das Kernhaus entfernen. Die Achtel quer in 3 mm dünne dreieckige Scheiben schneiden.

- Zum Schluss geben Sie die geschnittenen und gezupften Blattsalate zu den Tomaten, Gurken und Zwiebeln, verteilen die Apfelstücke und die gerösteten Kerne darauf und mischen den Salat vorsichtig durch. Noch einmal mit Salz und Pfeffer abschmecken.

Buchweizen-Bulgur-Salat

6 Personen 👪
35 Minuten 🕐

2 Tassen	Buchweizen-Bulgur (z.B. von Erdmannhauser)
3 Tassen	Wasser
2	rote Zwiebeln
1 große	Fenchelknolle
1	Zitrone
1 geh. EL	(Salat-)Gewürzmischung (z.B. „Alles im Grünen" oder „Laune gut, alles gut" von Sonnentor)
200 g	Feta Käse
8 EL	weißer Balsamico-Essig
4-5 EL	Traubenkernöl
	Agavendicksaft
	Salz

Zubereitung

- Den Buchweizen-Bulgur bei niedriger Hitze so lange (etwa 15 Min.) im Wasser köcheln lassen, bis er das Wasser vollständig aufgenommen hat. Abkühlen lassen.

- In der Zwischenzeit das Gemüse vorbereiten: Schneiden Sie die geschälten Zwiebeln in 3 mm dicke Scheiben. Vom Fenchel die äußere Schicht entfernen und die Knolle längs der Faser ebenfalls in 3 mm dicke Streifen schneiden. Die Zitrone auspressen.

- In einer Pfanne die Zwiebeln gemeinsam mit dem Fenchel 5-7 Min. andünsten, das Salatgewürz dazugeben und das Gemüse weitere 2 Min. dünsten. Den Zitronensaft zum Gemüse geben, und alles noch einmal 3 Min. dünsten.

- Das Gemüse noch heiß unter den abgekühlten Buchweizen-Bulgur mischen. Die Mischung etwa 10 Min. abkühlen lassen.

- In der Zwischenzeit den Käse in kleine Würfel schneiden und unter den abgekühlten Salat heben. Mit Essig, Öl, Salz und Agavendicksaft abschmecken.

Buchweizen

wird wie beispielsweise auch Amaranth, Hanf und Quinoa zu den Pseudogetreidearten gezählt. Das heißt, seine Körner sehen aus wie Getreide, es ist aber keines. Buchweizen etwa ist ein Knöterichgewächs. Er enthält kein Gluten und stellt vor allem für Allergiker eine wunderbare Alternative zum Getreide dar. Zum Backen ist er jedoch nur bedingt geeignet. Buchweizen schmeckt nussig, er enthält viele Mineralstoffe sowie lebenswichtige Aminosäuren.

Tipp

Die Marinade sollten Sie erst über den abgekühlten Salat geben, sonst wird sie vom warmen Bulgur zu stark aufgesaugt und der Salat wird zu trocken und geschmacklos. In diesem Fall kann vor dem Servieren noch einmal mit Essig und Öl abgeschmeckt werden.

Rote Bete im Doppelpack

Rote-Bete-Rohkost mit Cassis-Vinaigrette

1200 g	Rote Bete, roh
1 Bund	Petersilie
300 g	grüne kernlose Trauben
60 - 80 g	Walnusskerne

Für die Cassis-Vinaigrette

2 - 3 EL	Dijon Senf
2 EL	Ahornsirup oder Agavendicksaft
1 Prise	Vanillezucker
1 Prise	Schwarzer Pfeffer
3 EL	Cassis Gelee
3 - 4 EL	weißer Balsamico-Essig
4 EL	Traubenkernöl
2 ½ EL	Meerrettich, frisch gerieben oder aus dem Glas

Rote Bete

Das auffällig rote Herbstgemüse liefert die Vitamine A, B, C und Folsäure. Darüber hinaus enthält die Wunderknolle Jod, Kalium, Calcium, Magnesium, Natrium, Phosphor und viel Eisen. Sie enthält Betain, das den Risikofaktor Homocystein für Herzkrankheiten senkt, außerdem Anthocyane, die krebsschützend wirken und Nitrat, das u.a. den Blutdruck senkt. Die Rote Bete macht uns leistungsfähiger, sie regt die Durchblutung und den Stoffwechsel an. Bei zahlreichen Krankheiten wie Diabetes, Alzheimer, Arthrose, Bluthochdruck und Herzkrankheiten kann sich ihr Verzehr positiv auswirken.

Rote Bete kann den Speiseplan in vielfältiger Form bereichern: als Saft, in Smoothies, roh in Salaten, gekocht und gebraten in zahlreichen Variationen.

Rote-Bete-Rohkost
mit saftigen Äpfeln

je 6-8 Personen 👪
je 30 Min. + 1-3 h Kühlen 🕐

4	Rote Bete, roh
10-12	saftige Äpfel

Für die Vinaigrette

2-3 EL	Honig
etwas	weißer Balsamico-Essig
½ TL	gemahlener Zimt
3-4 EL	helle Sesamkerne
6-8 EL	Traubenkernöl

Tipp

Diese Rohkost ist besonders für Kinder geeignet, da der Geschmack der Roten Bete hier nicht dominiert.

Zubereitung

♦ Rote Bete schälen, vierteln und entweder mit einer groben Gemüsereibe oder mit Hilfe einer Küchenmaschine grob in eine hohe Schüssel raspeln.

Variante "Apfel"

♦ Äpfel waschen, schälen und zur Roten Bete raspeln.

♦ Honig, Essig und Zimt unter den Salat mischen.

♦ Nun die Sesamkerne in einer kleinen Pfanne im Öl erhitzen und heiß über die Rohkostmischung geben.

♦ Umrühren und noch einmal mit Balsamico, Honig und Zimt abschmecken. Im Kühlschrank etwa 1 h ziehen lassen.

Variante "Cassis-Traube"

♦ Alle Zutaten für die Vinaigrette unter die Rote-Bete-Rohkost mischen. Alles gut vermengen und mindestens 3 h kühl gestellt ziehen lassen.

♦ Petersilie waschen, trocken tupfen und klein hacken. Walnusskerne mit einem Messer grob zerkleinern. Trauben waschen und halbieren.

♦ Von der Petersilie, den Walnüssen und den Trauben ein wenig für die Dekoration zur Seite stellen. Den Rest unter die Rohkost mischen.

♦ Die Dekoration erst unmittelbar vor dem Servieren über die Rohkost streuen.

Tipp

Die Variante "Cassis-Traube" ist ein absoluter Muntermacher und somit gut für die Bewirtung von Gästen geeignet. Besonders dekorativ macht sie sich auf einem Buffet.

Ingwer

Die Knolle mit dem zitronigscharfen Aroma wärmt uns Körper und Seele gerade in der kalten Jahreszeit. Als Küchengewürz verleiht der Ingwer unseren Gerichten eine asiatische Note.

Inzwischen wird er aber auch als Heilpflanze geschätzt. Neben wichtigen Mineralien und Spurenelementen (Kalium, Magnesium, Kupfer, Mangan, Zink und Eisen) sind es hauptsächlich die Scharfstoffe und ätherischen Öle, die dem Ingwer seine Heilkraft verleihen. Ihm wird eine entzündungshemmende und schmerzlindernde Wirkung nachgesagt.

Rote-Bete-Süppchen

4 Personen 👪
50 Minuten 🕐

2	Rote-Bete-Knollen
1 große	Süßkartoffel (200-300 g)
1 kl. Stk	Ingwer-Knolle (5-7 cm)
1 große	rote Zwiebel
½	rote Chilischote
2	Bio-Orangen
150 ml	Weißwein
300 ml	Gemüsefond
200 ml	Sahne
8	Petersilienstängel
8	Schnittlauchhalme
50 g	Ciabatta
50 g	Speck
2 EL	Butter
2-3 EL	Olivenöl
	Salz
	Pfeffer

Tipps

Für die Verarbeitung der Roten Bete (Farbe) und der Chili (Schärfe) empfiehlt es sich, Handschuhe zu tragen.

Statt mit ½ Chilischote können Sie auch mit etwas mehr Ingwer oder 2 Messerspitzen Pul Biber (türkische Gewürzmischung aus Paprikaflocken, Chili und Salz) würzen.

Zubereitung

- Rote Bete, Süßkartoffel, Zwiebel und Ingwer schälen, halbieren und in feine Scheiben schneiden. Rote Bete und Süßkartoffel anschließend klein würfeln. Chilischote halbieren, Kernchen und weiße Häutchen entfernen. Das Fruchtfleisch in Scheiben schneiden.

- Rote Bete beiseitestellen. Das restliche Gemüse mit der Butter in einem Topf anschwitzen, leicht salzen und mit Weißwein und Gemüsefond ablöschen. Die Rote Bete, den frisch gepressten Saft einer Orange und etwas abgeriebene Orangenschale zugeben und alles etwa 20 Min. auf niedriger Stufe garkochen lassen. Nach der Hälfte der Zeit die Sahne dazugeben.

- Die Kräuter waschen und abtropfen lassen. Petersilie grob abzupfen, Schnittlauch in feine Röllchen schneiden. Ciabatta in kleine Würfel schneiden und in Olivenöl rundum goldbraun anbraten. Abkühlen lassen.

- Speck von der Schwarte befreien und in feine Streifen schneiden. In einer heißen Pfanne mit etwas Olivenöl auslassen und auf Küchenkrepp abtropfen lassen.

- Wenn die Rote Bete gar ist, Suppe pürieren. Für eine cremigere Konsistenz können Sie die Suppe anschließend durch ein Sieb streichen. Mit Orangensaft, Salz und Pfeffer abschmecken. Mit jeweils 1 Löffel Croutons, Speck, Schnittlauch und Petersilie toppen.

Gerstengraupensuppe

6 Personen
30 Min. + 2 h Garen

450 g	Gerstengraupen, mittel
750 g	Rindfleisch
3 l	Fleischbrühe
3	Zwiebeln
1 ½	Stangen Porree
1 ½	Stücke Sellerie
6	Kartoffeln
3	Möhren
etwas	Liebstöckel (Maggikraut)
	Salz
	Pfeffer

Tipp

Liebestöckel ist sehr geschmacksintensiv, darum nur wenige Blätter verwenden. Für den besonderen Geschmack der Suppe sollte aber keinesfalls auf ihn verzichtet werden.

Zubereitung

- Zwiebeln klein schneiden. Das Rindfleisch im Ganzen mit den Zwiebeln und der Fleischbrühe in einen Suppentopf geben und 1 h auf niedriger Temperatur köcheln lassen.

- Die Graupen in ein Sieb geben und unter fließendem kalten Wasser abwaschen. Zur Suppe geben und weiterhin 1 h mitköcheln lassen.

- Porree und Sellerie putzen, die Kartoffeln und Möhren schälen. Das Gemüse würfeln, zur Suppe geben und alles weitere 20 Min. garen.

- Das Fleisch herausnehmen, in Stücke schneiden, mit Salz und Pfeffer etwas würzen und vor dem Servieren in der Suppe wieder heiß werden lassen.

- Mit ein wenig gehacktem Liebstöckel bestreuen.

Gerste und Gerstengraupen

Die Gerste zählt wie Weizen, Roggen und Hafer, zu den Süßgräsern und gilt als das älteste vom Menschen angebaute Getreide. Verwendung findet sie vor allem bei der Herstellung von Bier und als Tierfutter. Wegen ihres vergleichsweise geringen Glutengehalts ist sie zum Backen nicht besonders gut geeignet. Zu Graupen verarbeitet, wird sie in der Küche aber wieder interessant.

Das grob geschrotete Korn lässt sich wie Risotto oder aber als Suppe zubereiten.

Gerste ist reich an Ballaststoffen, an den Mineralstoffen Magnesium, Calcium, Kalium, Eisen und Phosphor, und sie enthält viele essentielle Aminosäuren. Insofern lohnt es sich, den gesunden Sattmacher in den Speiseplan aufzunehmen.

Kürbis-Suppen-Variationen

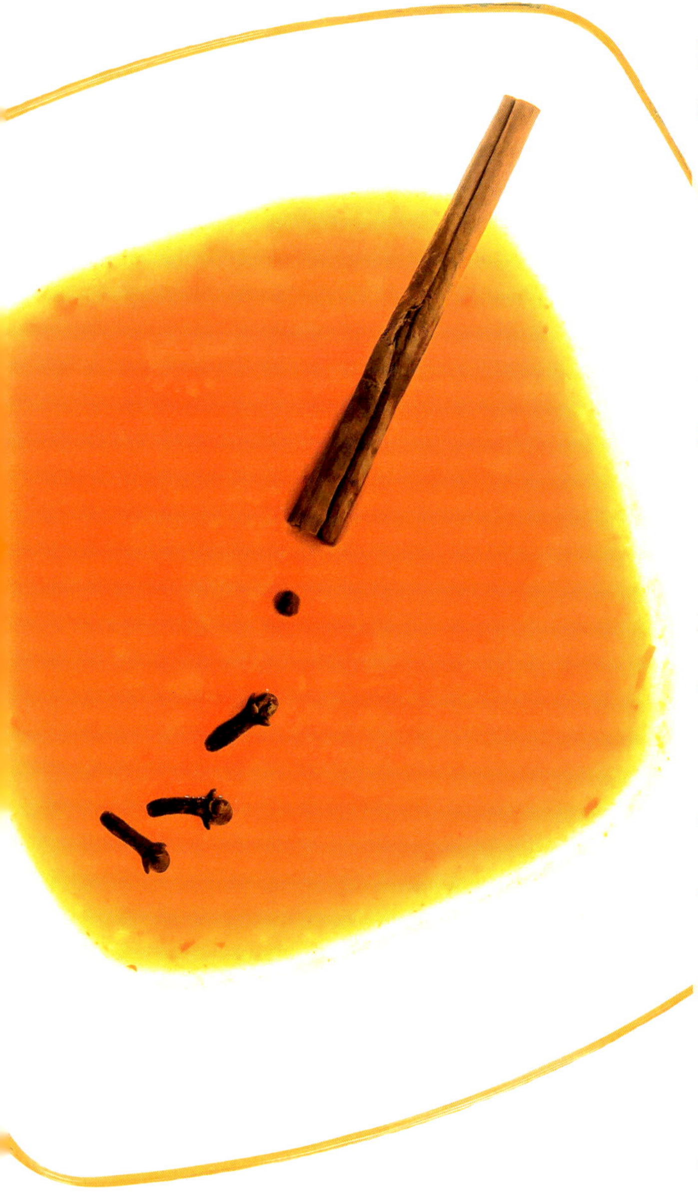

Kürbissuppe süßsauer mit Nelken und Zimt

1 kg	Hokkaido-Kürbis
1 ½ kg	Riesenkürbis
2	Zwiebeln
5 EL	Öl zum Anbraten
3 - 4	Nelken
2 Msp	Zimt
2 l	Wasser oder Gemüsebrühe
2 - 4 EL	weißer Balsamico-Essig
	Agavendicksaft
	Salz

Zubereitung

- Kürbis waschen, nur den Riesenkürbis schälen. (Beim Hokkaido kann die Schale mitgegessen werden). Kerne und Fasern entfernen und das Fruchtfleisch zerkleinern. Zwiebeln schälen und klein würfeln.

- In einem Suppentopf das Öl erhitzen und die Kürbisstücke mit den Zwiebeln anbraten und salzen.

- Hitze reduzieren, Nelken (in einem Einwegteebeutel) und Zimt zugeben und das Gemüse in etwa 15 Min. weich dünsten.

- Wenn der Kürbis beginnt weich zu werden, Wasser oder Brühe sowie 2 EL Essig zugeben. Die Suppe etwa 15 Min. bei schwacher Hitze köcheln lassen. Anschließend Nelken entfernen und die Suppe nur grob mit dem Pürierstab pürieren.

- Vor dem Servieren mit Salz, Balsamico, Zimt und Agavendicksaft abschmecken.

Kürbis-Kartoffel-Suppe mit Kokos und Koriander

jeweils 6 Personen
jeweils 60 Minuten

1 ½ kg	Kürbisfleisch, z.B. Hokkaido
1 kg	Kartoffeln
2 l	Wasser
400 ml	Kokosmilch
200 ml	Sahne
4 EL	Zitronensaft, frisch gepresst
1 Stück	Ingwer, etwa walnussgroß
3 Stangen	Zitronengras
1 kl. Bund	frischer Koriander
1	Chilischote oder getrocknete Chiliflocken
5 EL	Öl zum Anbraten
1 Msp	Kurkuma
	Salz

Zubereitung

♦ Einen mittleren Topf mit 2 l Wasser füllen. Ingwer schälen und in Scheiben schneiden. Zitronengrasstangen in 3 Teile schneiden, jeweils der Länge nach halbieren und einmal knicken oder quetschen. Ingwer, Zitronengras, ein wenig Salz sowie 1 Stängel frischen Koriander zum Wasser in den Topf geben und den Suppensud mit geschlossenem Deckel mindestens 20 Min. bei mittlerer Hitze köcheln lassen.

♦ Kürbis waschen (vom Hokkaido kann die Schale beim Kochen mitverwendet werden), Kerne und Fasern entfernen und das Fruchtfleisch zerkleinern. Kartoffeln schälen und ebenfalls klein schneiden. In einem Suppentopf das Öl erhitzen, zunächst den Kürbis darin anbraten, dann die Kartoffeln dazugeben. Leicht salzen.

♦ Wenn der Kürbis beginnt weich zu werden, den Suppensud zum Gemüse geben, dabei die Gewürze abgießen, aber für später aufbewahren. Bei Bedarf so viel Wasser aufgießen, bis die Kürbis-Kartoffel-Mischung mit Flüssigkeit bedeckt ist. Das Gemüse ca. 20 Min. weichkochen.

♦ Chilischote klein hacken und mit der Kokosmilch sowie 1-2 Stängeln Koriander zur Suppe geben. Weitere 15 Min. köcheln lassen.

♦ Die Suppe samt Koriander pürieren. Nach Geschmack auch die Ingwerstücken aus dem Sud hinzugeben.

♦ Mit Zitronensaft und Sahne verfeinern. Dazu den Zitronensaft noch 2 Min. mitköcheln. Die Sahne erst zum Schluss hineinrühren. Nicht mehr kochen.

♦ Vor dem Servieren mit einer Messerspitze Kurkuma (Gelbwurz) verfeinern und mit Salz abschmecken.

Maronencremesuppe

8 Personen
40 Minuten

600 g	vorgegarte Maronen
3	Schalotten
1½	Knoblauchzehen
300 g	Knollensellerie
2	Karotten
2 kleine	Petersilienwurzel
1-2 EL	Butter
900 ml	Geflügelbrühe
80-100 ml	trockener Rotwein
200 ml	Sahne
	Salz
	Pfeffer aus der Mühle
1 Prise	geriebene Muskatnuss

Zubereitung

- Schalotten, Knoblauch, Sellerie, Karotten und Petersilienwurzeln schälen, fein würfeln und in heißer Butter goldbraun anschwitzen.

- Die Maronen untermengen, kurz gemeinsam mit dem Gemüse anbraten, dann mit Rotwein und Brühe ablöschen. 20-25 Minuten leise köcheln lassen.

- Die Suppe fein pürieren und die Sahne unterrühren. Sollte die Suppe zu dick sein, noch etwas Brühe zugeben. Mit Salz, Pfeffer und Muskat abschmecken.

Tipp

Durch das Mitkochen verliert der Rotwein seinen Alkohol. Diese Suppe können größere Kinder also auch bedenkenlos essen. Alternativ kann der Rotwein aber auch durch Brühe ersetzt werden.

Maronen und Esskastanien

Obwohl es sich hierbei um zwei verschiedene Sorten der Edelkastanie handelt, gesund sind sie gleichermaßen. Die Edelkastanie stellt eine sättigende, glutenfreie und basische Alternative zu den Getreideprodukten dar. Sie enthält wertvolle Kohlenhydrate, hochwertiges Eiweiß, Ballaststoffe sowie zahlreiche Vitamine und Mineralstoffe.

Vorgegarte und eingeschweißte Maronen gibt es im Handel zu kaufen. Vakuumverpackt sind sie ein bis zwei Jahre haltbar.

Tipps
Für diese Lasagne empfehlen wir,
Muskat- oder Butternut-Kürbis zu
verwenden. Mit einer anderen Kürbis-
art, z.B. einem Hokkaido, schmeckt
sie nicht ganz so aromatisch.
Die Soße allein schmeckt mit
Räucherlachs auch zu Nudeln oder
Kartoffeln.

Kürbis-Lachs-Lasagne

4 Personen

50 Min. + 45 Min. Backen

750-1000 g	Kürbis (Muskat oder Butternut)
250 g	Räucherlachs
200-300 g	Lasagneplatten
1 große	helle Zwiebel
50 g	Butter
50 g	Mehl zum Bestäuben
250-300 ml	Sahne
0,8-1 l	Gemüsebrühe
300 g	Käse (z.B. Gouda, mittelalt)
1 kl. Bund	Dill
	Salz
	Pfeffer
	Muskatnuss

Zubereitung

- Den Kürbis schälen, halbieren, die Kerne entfernen und das Fruchtfleisch in Würfel schneiden. Die Zwiebel würfeln.

- Die Zwiebel und die Kürbiswürfel in Butter glasig dünsten. Das Mehl darüber streuen, anschwitzen und unter Rühren mit Sahne und Gemüsebrühe ablöschen. Mit Salz, Pfeffer und Muskatnuss würzen. Bei schwacher Hitze 5 Min. köcheln lassen.

- Den Käse grob reiben und portionsweise unter die Soße rühren. Dill klein schneiden und ebenfalls unterrühren. Backofen auf 200° vorheizen.

- In eine gefettete Auflaufform abwechselnd zuerst Lasagneplatten und dann Kürbissoße schichten. Vereinzelt Lachsstückchen über der Soße verteilen. Das Ganze etwa 3 Mal wiederholen. Für die letzte Schicht knapp ein Drittel der Soße zurückbehalten.

- Im vorgeheizten Backofen bei 200° auf mittlerer Einschubhöhe etwa 45 Min. backen, bis die oberste Schicht leicht gebräunt ist.

Kürbis

Botanisch betrachtet ist der Kürbis eine Beere – mit bis zu 100 Kilogramm die wohl größte und schwerste Beere der Welt.

Abgesehen von seinem Gewicht beeindruckt der Kürbis aber auch als wertvoller Nährstofflieferant: Er versorgt uns unter anderem mit Beta-Karotin, Vitamin A, Magnesium, Calcium und Kalium.

Das vor allem in den Kernen enthaltene Beta-Karotin ist mit seinen antioxidativen Eigenschaften ein wichtiger Schutzstoff für unsere Zellen. Kürbiskerne eignen sich als Snack zwischendurch, aber auch als Topping zu Salaten und Suppen.

Kürbiskernöl ist ein besonders hochwertiges Öl. Es enthält zahlreiche Vitamine, Mineralstoffe und wertvolle ungesättigte Fettsäuren. Letztere sorgen leider dafür, dass das Öl schnell ranzig wird, weshalb es im Kühlschrank aufbewahrt werden sollte.

Kartoffel-Apfel-Auflauf mit Zwiebeln

4 Personen

30 Min. + 45 Min. Backen

1 kg	Kartoffeln, festkochend
3-4	Äpfel
2-3	helle Zwiebeln
250 ml	Sahne
150 g	Käse, gerieben (z.B. mittelalter Gouda)
	Olivenöl (zum Einfetten)
	Salz
	Pfeffer
	Muskatnuss
evtl.	Preiselbeeren

Zubereitung

- Kartoffeln, Äpfel und Zwiebeln schälen. Kartoffeln und Zwiebeln in 3-5 mm dünne Scheiben hobeln, Äpfel achteln und auch in dünne Scheiben schneiden.

- Eine große Auflaufform mit Olivenöl einfetten. Eine Schicht Kartoffeln hineinlegen, in der zweiten Schicht mit Äpfeln und Zwiebeln fortfahren. Mit Pfeffer und Muskatnuss kräftig, mit Salz nach Geschmack würzen. Die beiden Schichten und das Würzen so lange wiederholen, bis die Zutaten aufgebraucht sind.

- Den Auflauf mit der Sahne übergießen und mit dem Käse bestreuen.

- Bei 180° in der mittleren Einschubhöhe des Backofens etwa 45 Min. backen. Sollte der Käse zu dunkel werden, den Auflauf in den letzten 15 Min. mit Alufolie abdecken. Preiselbeeren dazu reichen.

Tipp:

Gekochte, gedünstete oder gebratene Zwiebeln schmecken süsser als rohe, weil beim Erhitzen der zwiebeleigene Zucker freigesetzt wird. Die Kombination mit Äpfeln schmeckt auch den meisten Kindern gut.

Zwiebeln

punkten in vielfacher Hinsicht: Ihr Geschmack macht sie zu einem der ältesten und wichtigsten Würzmittel in unserer Küche. Die Zwiebel ist reich an zahlreichen Vitalstoffen wie Vitamin C, B6, B7, Kalium und Schwefel. Die Schwefelverbindungen, die uns beim Schneiden zum Weinen bringen, sind dabei von besonders großem medizinischen Wert. Zwiebeln wirken blutverdünnend, können vor Herzinfarkt und Krebs schützen, den Cholesterinspiegel senken und helfen gegen Erkältungskrankheiten. Um von den positiven vorbeugenden Wirkungen zu profitieren, genügt es, eine kleine Zwiebel pro Tag in den Speiseplan einzubauen.

Bratlinge

lassen sich leicht variieren und mit verschiedenen Zutaten abwechslungsreich gestalten. Probieren Sie Kombinationen mit nicht zu saftigen Gemüsesorten, wie etwa Zucchini und Möhre oder Blumenkohl mit etwas geriebenem würzigen Käse. Den Teig kann man mit Getreideflocken oder weichgekochten Hülsenfrüchten abwandeln. Dazu die Hälfte des Mehls durch die Zutat Ihrer Wahl ersetzen. Seien Sie kreativ!

Möhren-Mais-Bratlinge mit roter Soße

4-6 Portionen

45 Minuten

Für die Bratlinge

200 g	Möhren
2 Dosen	Mais (à 340 g)
400 g	Dinkelmehl
4	Eier
etwas	Wasser
1 Prise	Salz
	Öl zum Anbraten

Für die Tomatensoße

2 Dosen	gehackte Tomaten
1 Dose	Mais
1 große	Zwiebel
1	roter Paprika
1	gelber Paprika
	Agavendicksaft
	Garam Masala
	Salz
	Pfeffer
1 EL	Traubenkernöl

Zubereitung

- Die Möhren schälen und fein raspeln. Zunächst 1 Dose Mais abgießen, dabei die Flüssigkeit auffangen, (die dann für den Teig verwendet werden kann). Den Mais pürieren.

- Aus Mehl, Eiern, einer Prise Salz, dem Abgießwasser und ein wenig Wasser einen glatten dickflüssigen Pfannkuchenteig herstellen.

- Die geraspelten Karotten, den pürierten Mais sowie die zweite Dose Mais samt Flüssigkeit dazugeben und verrühren. Den Teig etwa 10 Min. ruhen lassen.

- In der Zwischenzeit **für die Tomatensoße** Zwiebel und Paprika klein schneiden. Beides in etwas Öl andünsten. Tomaten und Mais dazugeben. Mit Agavendicksaft, Garam Masala, Salz und Pfeffer abschmecken und etwa 10 Min. auf kleiner Flamme einkochen lassen.

- Öl in einer Pfanne erhitzen. Den Teig mit einem großen Löffel portionsweise in die Pfanne geben. Die Bratlinge von beiden Seiten goldbraun anbraten.

Tipps

Das Abgießwasser aus den Maisdosen enthält Stärke, wie der Mais selbst. Somit eignet es sich hervorragend, um einen Pfannkuchen-Teig anzurühren.

Beim Braten der ersten Bratlinge werden Sie feststellen, ob der Teig die richtige Konsistenz besitzt. Bei Bedarf können Sie mit etwas Dinkelmehl oder Flüssigkeit ausgleichen.

Egerlinge zwei Mal fein verpackt

👪 8-10 Personen

🕐 40-50 Minuten

500 g	Egerlinge
4 mittlere	Zucchini
1 große	helle Zwiebel
1 TL	neutrales Öl, z.B. Traubenkernöl
1 l	Sahne
1 l	Milch
1-2 EL	Parmesan (nach Geschmack)
1 TL	getrocknetes Basilikum
	Sojasoße
	Salz
3-4 EL	Dinkelmehl
½ Tasse	kaltes Wasser
1 kg	Basmatireis

Zucchini-Egerling-Rahmsoße mit Basmatireis

Zubereitung

- Zucchini fein reiben (von Hand oder mit der Küchenmaschine). Zwiebel mittelgroß würfeln. Egerlinge (wie im Kasten rechts beschrieben) klein schneiden.

- Öl in einem Topf leicht erhitzen, zunächst die Zwiebel, nach 1 Min. die Egerlinge, nach weiteren 5 Min. die geriebenen Zucchini dazu geben und andünsten. Mit getrocknetem Basilikum und Salz würzen.

- Das Gemüse 10 Min. andünsten, dabei ab und zu umrühren, damit nichts am Topfboden anbrennt.

- Nun geben Sie die Sahne, nach 10 Min. die Milch und nach Geschmack etwas geriebenen Parmesan dazu. Mit Salz und etwas Sojasoße abschmecken.

- Zum Schluss dicken Sie die Zucchini-Egerling-Rahmsoße mit einem angerührten Mehlteigerl (s.u.) an. Dazu das Mehlteigerl mit dem Schneebesen in die sehr heiße Soße einrühren und anschließend sofort vom Herd nehmen. Basmatireis dazu servieren.

Mehlteigerl zum Eindicken

3-4 EL helles Dinkelmehl mit einer halben Tasse kaltem Wasser anrühren. Für die Würze und für die Farbe ein paar Spritzer Sojasoße zugeben.

Parmesan

Bei diesen Soßen sollte der Parmesan als Würzmittel und somit nach Geschmack verwendet werden. So lässt sich ein individuelles Gleichgewicht aus aromatischen Kräutern und würzigem Käse erzielen.

Dinkelspirelli in Egerlingrahm

4 Personen
40 Minuten

500 g	Egerlinge
1 große	helle Zwiebel
1	Knoblauchzehe
1 EL	Traubenkernöl zum Braten
200 ml	Wasser / Gemüsebrühe
600 ml	Sahne
2 EL	geriebener Parmesan oder Grana Padano
etwas	Sojasoße
	Meersalz
	Pfeffer, schwarz (aus der Mühle)
½ Bund	glatte Petersilie, gehackt
5 EL	Dinkelmehl
½ Tasse	kaltes Wasser
500 g	helle Dinkelspirelli

Champignons / Egerlinge zerkleinern

Zunächst entfernen Sie den Stiel der Egerlinge. Sieht er noch ordentlich aus, kann er mitverwendet werden. Die Kappe vor sich liegend, schneiden Sie diese bei mittlerer Schirmgröße 1 Mal in der Mitte durch, anschließend 2 Schnitte quer, woraus 6 Stücke entstehen. Ist der Pilzschirm ziemlich groß, dann schneiden Sie die Kappe 2 Mal quer und 2-3 Mal der Länge nach durch.

Zubereitung

• Zwiebel schälen und in mittelgroße Stücke würfeln. Knoblauch schälen und fein hacken. Die Egerlinge (wie im Kasten beschrieben) kleinschneiden.

• In einem weiten Topf das Öl erhitzen, rasch die Zwiebel und die Knoblauchzehe dazu geben und etwa 5 Min. anbraten. Nun die Egerlinge zufügen und bei mittlerer Hitze so lange anbraten, bis sich Pilzwasser bildet. Salzen und für eine schönen Farbton mit einem Schuss Sojasoße würzen.

• 5 Min. köcheln lassen, dann 200 ml Wasser oder Gemüsebrühe und nach weiteren 5 Min. Sahne und Parmesan hinzufügen. Aus Mehl und Wasser ein Mehlteigerl (siehe Kasten links) zubereiten.

• Die Egerlinge weitere 5 Min. köcheln lassen, dann aufkochen, das Mehlteigerl einrühren und den Topf von der heißen Herdplatte nehmen.

• Zum Schluss mit Pfeffer und frisch gehackter Petersilie abschmecken. Dinkelspirelli dazu servieren.

Tipp

Vor dem Eindicken der Sahnesoße können Sie einen Schuss Cognac dazu geben. Das hebt den Geschmack und die Soße passt nun hervorragend zu gebratenem Fleisch mit Reis, Nudeln oder Spätzle.

Grüne Bohnen in Tomatensoße

4 Personen
45 Minuten

500 g	frische grüne Bohnen
600 g	frisch enthäutete Tomaten (oder gehackte Tomaten aus der Dose)
1	Zwiebel
2 - 3	Knoblauchzehen
200 ml	Gemüsebrühe
2 EL	Traubenkernöl
1	Lorbeerblatt
1 Zweig	Bohnenkraut
½ TL	Thymian
	Salz
	Pfeffer

Zubereitung

- Die Bohnen waschen, kupieren (beide Enden abschneiden) und dabei die Fäden abziehen. In gleichmäßige Stücke schneiden. Die Zwiebel schälen, kleinschneiden und in einem Topf mit 1 EL Traubenkernöl leicht andünsten bis sie sich goldgelb färbt.

- Die Bohnen zur Zwiebel geben, mit Salz und Pfeffer würzen und während dem Garen vorsichtig wenden. Gemüsebrühe angießen, Lorbeerblatt und Bohnenkraut dazu geben und zugedeckt bei kleiner Hitze etwa 20 Min. weich dünsten.

- Das restliche Öl in einer beschichteten Pfanne erhitzen. Den Knoblauch schälen, klein hacken und kurz anbraten. Die Tomaten dazugeben und mit Thymian würzen. Etwa 10 Min. auf niedriger Stufe einkochen lassen.

- Zum Schluss geben Sie die Bohnen in die Tomatensoße, köcheln diese noch einmal 5 Min. mit und schmecken sie mit Salz und Pfeffer ab.

Dazu passt Basmatireis.

Grüne Bohnen

Roh nicht genießbar, werden die Hülsenfrüchte in gekochter Form zu wohlschmeckenden Nährstofflieferanten. Gibt man beim Kochen etwas Bohnenkraut hinzu, sind sie später leichter verdaulich. Bohnen enthalten viele Vitamine (B6, C und E) und Mineralstoffe (Folsäure, Kalium, Magnesium und Calcium) sowie sekundäre Pflanzenstoffe, die sich positiv auf den Stoffwechsel auswirken.

Grüne Bohnen lassen sich vielfältig zubereiten. Die beliebten Hülsenfrüchte eignen sich abgekühlt für die Zubereitung von Salaten und Antipasti, heiß kommen sie als unkomplizierte Gemüsebeilage zu Fisch- und Fleischgerichten auf den Tisch. Kombiniert man sie mit viel frischem Gemüse, entsteht im Handumdrehen ein deftiger Eintopf.

Das beste Fleisch für Sauerbraten

Das Schaufelstück der Rinderschulter liegt in der oberen Mitte der Schulter und ist ein mageres Bratenstück, das sich vor allem zum langsamen Schmoren und somit bestens für den Sauerbraten eignet. Die obere Hüfte und die magere Keule eignen sich ebenfalls. Das liegt daran, dass dieses Fleisch von einem gut ausgeprägten Bindegewebe durchzogen ist. Durch langes Schmoren zerfallen Fett und Bindegewebe zu saftiger Gelatine, was dem Fleisch die butterweiche Konsistenz gibt.

Sauerbraten

6 Personen 👪
30 Min. + 2 ½ h Schmoren ◷
3 Tage zuvor einlegen

1 - 1 ½ kg	Rindfleisch
2	Zwiebeln
500 ml	Rotweinessig
700 ml	Wasser
2 TL	Salz
2 TL	Zucker
1 - 2	Lorbeerblätter
10 Körner	Pfeffer
5 Körner	Piment
1 - 2	Nelken
	Butterschmalz (zum Anbraten)
2 - 3 EL	Rohrzucker/Rübenkraut
1	Soßenlebkuchen
2 - 3 Prisen	Lebkuchengewürz
200 ml	Sahne
3 - 4 EL	Dinkelmehl
½ Tasse	kaltes Wasser

Dazu passen Kartoffelklöße und Rotkohl. Heiße Birnen mit Preiselbeeren harmonieren nicht nur ästhetisch mit der Soße. Einige Esslöffel Dinkel-Semmelbrösel in Butter gebräunt und über die Kartoffelklöße garniert runden das Festessen ab.

Zubereitung

- Das Fleisch am Stück waschen, trockentupfen und in eine verschließbare Schüssel geben.

- Essig mit Wasser, Salz und Zucker in einem Topf zum Kochen bringen. Lorbeerblatt, Pfeffer, Piment und Nelken in den heißen Sud geben. Topf vom Herd nehmen.

- Die Zwiebeln schälen, in Ringe schneiden und auf dem Fleisch verteilen. Das Fleisch mit dem lauwarmen Sud übergießend. Schüssel fest verschließen und den Braten 3 Tage im Kühlschrank ziehen lassen.

- Vor dem Zubereiten das Fleisch gut abtrocknen und in heißem Butterschmalz anbraten. In einer feuerfesten Pfanne oder einer Bratenform 2 - 2 ½ h bei mittlerer Hitze (150°) im Ofen schmoren lassen. Währenddessen das Fleisch mit dem abgeseihten Sud nach und nach aufgießen. ½ h vor Ende der Garzeit Rohrzucker oder Rübenkraut dazugeben.

- Fleisch aus der Form nehmen und warm stellen. Die Soße mit einem Mehlteigerl (aus Dinkelmehl und kaltem Wasser, vgl. S.116) zur gewünschten Sämigkeit andicken. Den Soßenlebkuchen einrühren und mit Lebkuchengewürz und Sahne verfeinern.

👪 4 Personen

🕐 30 Minuten

Mangoldgemüse

2 Stauden	Mangold (ca. 1 ½ kg)
3	Karotten
1 mittlere	Zwiebel
1	Knoblauchzehe
4 EL	Öl
1 - 2 EL	Zitronensaft
	Salz
	Pfeffer

Zubereitung

♦ Zwiebel klein würfeln und Knoblauchzehe klein hacken. Karotten schälen und in kleine Würfel schneiden. Mangold putzen, waschen, abtropfen lassen und in 2 cm breite Streifen schneiden.

♦ Öl in einer großen beschichteten Pfanne erhitzen. Zwiebeln und Knoblauch darin glasig dünsten. Mangold und Karotten zugeben und 5 Min. mitbraten. Temperatur reduzieren und das Gemüse weich dünsten. Mit Salz, Pfeffer und Zitronensaft würzen.

Knoblauch

Beim Knoblauch gehen die Geschmäcker auseinander. Vor allem Kinder sind dafür selten zu haben. Wenn Sie Gemüse im Ofen garen, legen Sie einzelne, ganze Knoblauchzehen mit Schale auf das Blech dazu. So müssen Knoblauchliebhaber nicht auf die gesunde Knolle verzichten. Das Gemüse nimmt den Knoblauchgeschmack nicht an. Fertig gegart lässt sich die Zehe leicht aus der Schale lösen und schmeckt angenehm mild.

👪 4-6 Personen
🕐 30 Minuten

Marinierte Möhren

700 g   Karotten

Für die Marinade

    1   Zwiebel
    2 EL   gehackte Petersilie
2-3 EL   weißer Balsamico-Essig
    3 EL   Olivenöl
    1 TL   Agavendicksaft
    1 TL   Shoyo Sojasoße
         Salz

Zubereitung

- Karotten schälen und im ganzen Stück (je nach Dicke) etwa 10 Min. in Salzwasser kochen, so dass sie noch bissfest sind.

- In der Zwischenzeit die Marinade zubereiten: Zwiebel und Petersilie fein hacken und mit allen anderen Zutaten zu einer glatten Soße verrühren. In eine flache weite Form gießen.

- Die Karotten mit kaltem Wasser kurz abschrecken und in ca. 4-5 cm lange Stifte schneiden. Die noch lauwarmen Karotten in die vorbereite Marinade legen. Vor dem Servieren mind. 10 Min. durchziehen lassen.

Tiramisu – alkoholfrei

6-8 Personen
30 Min. + 4 h Ruhen

6 Tassen	Espresso
6	frische Bio-Eier
50 g	Zucker
2 Pk	Vanillezucker
500 g	Mascarpone
400 g	Dinkel-Löffelbiskuits
	Kakaopulver

Zubereitung

- 6 Tassen Espresso kochen und abkühlen lassen. Die Eier trennen. Das Eiweiß steif schlagen, dabei gegen Ende die Hälfte des Zuckers einrieseln lassen.

- Das Eigelb mit dem restlichen Zucker in einer großen Rührschüssel cremig schlagen. Mascarpone und Vanillezucker unter die Eigelbmasse rühren. Anschließend den Eischnee mit einem Schneebesen gut unterheben, bis eine glatte Masse entstanden ist.

- Die Hälfte der Löffelbiskuits in eine große Form geben und mit etwa 3 Tassen Espresso beträufeln. Die Hälfte der Mascarpone-Creme auffüllen und glattstreichen. Den Vorgang wiederholen.

- Die Form zudecken und im Kühlschrank mindestens 4 h kühl stellen und ziehen lassen. Vor dem Servieren kräftig mit Kakaopulver bestäuben. Dazu das Kakaopulver mit einem Teelöffel durch ein kleines Teesieb streichen.

Variante ohne Ei

Haben Sie Bedenken, ein Tiramisu mit frischen Eiern zuzubereiten, ersetzen Sie diese einfach durch 200 ml Sahne. Schlagen Sie die Sahne mit dem Vanillezucker steif und rühren Sie die Mascarpone mit dem Zucker glatt. Sollte die Creme zu fest sein, ein paar EL Milch unterrühren. Anschließend die Sahne unterheben.

Weitere Variationsmöglichkeiten

Ersetzen Sie die Hälfte der Mascarpone durch Quark, so wird das Tiramisu etwas leichter.

Kindern schmeckt es besser, wenn Sie statt Espresso je 2 EL Kakao- und Kakao-Getränke-Pulver in 250 ml heißem Wasser auflösen.

Tipp:

Planen Sie eine Ruhezeit von mindestens 4 h ein. Sie können das Tiramisu auch am Abend vorher zubereiten und über Nacht im Kühlschrank ziehen lassen.

Zwetschgen-Crumble

300 g   frische Zwetschgen
1-2 EL   Zucker-Zimt-Mischung

100 g   kalte Butter
80 g   Zucker
80 g   helles Dinkelmehl
60 g   gemahlene Mandeln

Zubereitung

- Den Backofen auf 180° Ober-/Unterhitze vorheizen. Zwetschgen waschen, entsteinen und vierteln. Eine Auflaufform mit Butter ausstreichen. Die Zwetschgen einfüllen und mit der Zucker-Zimt-Mischung bestreuen. Die Form für etwa 10-15 Minuten in den Ofen stellen, bis die Zwetschgen angedünstet sind.

- In der Zwischenzeit aus Zucker, Butter, Mehl und Mandeln die Streusel zubereiten. Dazu zunächst Mehl, Zucker und Mandeln in einer Schüssel vermengen und schließlich die in Stücke geteilte kalte Butter dazugeben. Die Zutaten von Hand oder mit dem Knethaken zügig zu Streuseln verarbeiten.

- Die Form aus dem Ofen nehmen und die Streusel darauf verteilen. Alles noch einmal 25-30 Min. backen.

- Abkühlen lassen und lauwarm oder kalt mit Schlagsahne oder 1 Kugel Vanilleeis servieren.

Zwetschgen oder Pflaumen?

Zur Familie der Pflaumen (Bild oben) zählen neben den Zwetschgen (Bild unten) auch die gelborangenen Mirabellen und die grüngelben Renekloden sowie weltweit etwa 2000 weitere Sorten. Die Zwetschgen haben eine ovale Form, sind violett und laufen unten spitz zu. Ihre Steine lassen sich leicht entfernen, was sie in der Küche beliebt macht.

Zwetschgen enthalten wie alle Pflaumensorten reichlich B-Vitamine, Mineral- und Ballaststoffe sowie sekundäre Pflanzenstoffe, denen man Schutzfunktionen gegen Infektionen, Entzündungen, Thrombosen und sogar Tumore nachsagt. In Trockenpflaumen sind all diese Stoffe in konzentrierter Form enthalten.

Tipps

Sollte es keine frischen Zwetschgen geben, können Sie auch eingemachte Zwetschgen oder anderes Stein- oder Kernobst (z.B. Äpfel) verwenden. Eingemachtes Obst sollte gut abgetropft sein und muss nicht vorgedünstet werden.

Aus dem aufgefangenen Kompottsaft kann man mit einer Mehlschwitze (vgl. S. 82) oder Vanille-Pudding-Pulver eine dickflüssige Fruchtsoße zubereiten, die heiß zum Crumble oder 1 Kugel Vanilleeis passt.

Bananenkuchen

4	Bananen
3	Eier
½ Tasse	gehackte Mandeln
½ Tasse	flüssiger Honig
½ Tasse	Milch
¼ Tasse	flüssige Butter
3 Tassen	Dinkelmehl
1 Pk (21 g)	Backpulver
1 Pk	Vanillezucker
1 TL	Zimt
1 Prise	Salz

(1 Tasse   entspr. 300 ml)

Bananen

enthalten viel Fruchtzucker, weshalb sie als schnelle Energielieferanten beliebt sind. Mit 88 Kilokalorien pro 100 Gramm zählt die Banane zu den energiereichen Obstsorten. Sie ist reich an Kalium, Magnesium und Vitamin B6. Letzteres ist wichtig für den Eiweißstoffwechsel. Kalium ist unentbehrlich für Muskeln, Nerven und unser Herz. Je reifer die Bananen sind, desto aromatischer, gesünder und leichter verdaulich sind sie.

Bananen haben immer Saison. Sie werden zeitlich versetzt angebaut und geerntet, so dass unsere Supermarktregale im Wechsel mit den besten Früchten hauptsächlich aus Kolumbien, Ecuador, Costa Rica und Panama bestückt werden.

Zubereitung

◆ Die Mandeln in einer trockenen Pfanne auf mittlerer Hitze hellbraun rösten, herausnehmen und abkühlen lassen. Bananen schälen, grob zerkleinern und mit einer Gabel zerdrücken oder pürieren. Backofen auf 200° vorheizen.

◆ Eier trennen, Eiweiß mit 1 Prise Salz zu Schnee schlagen. Eigelb in eine Rührschüssel geben und mit Honig und Vanillezucker schaumig rühren. Milch, Butter und Bananenmus unterrühren.

◆ Mehl, Backpulver, Mandeln und Zimt vermischen und nach und nach unter den Teig rühren. Zum Schluss den Eischnee vorsichtig aber sorgfältig unterheben.

◆ Den Teig in eine gut gefettete Springform oder in eine Marmor-Kuchen-Form geben, dabei sollte die Form max. zu 2 Dritteln gefüllt sein. Auf der mittleren Schiene in den Ofen schieben und etwa 1 h backen.

Tipp

Dieser Kuchen eignet sich prima, um reife Bananen zu verwerten, die niemand mehr roh essen möchte. Je reifer die Bananen, desto intensiver wird das Aroma. Durch die Bananen wird der Kuchen nicht nur besonders aromatisch, er wird auch schön saftig.

Herbst-Extra: Brot backen

Brotteig – Sauerteig oder Hefeteig

Die Entdeckung, dass ein Brei aus gemahlenen Getreidekörnern und Wasser nach einigen Tagen zu leben beginnt, und dass sich dieser Teig in einem Ofen weiter ausdehnt und wächst, muss den Ägyptern vor etwa 6000 Jahren wie ein Wunder vorgekommen sein. Es sind Hefepilze und Bakterien, die einen matschigen Getreideklumpen in eine Sauerteigkultur verwandeln. Sie bestimmen die Luftigkeit, die Textur und den Geschmack des späteren Brotes.

Da es biologische Prozesse sind, die wir nur schwer kontrollieren können, ist die Herstellung eines Sauerteigs ein nur begrenzt planbares Unterfangen. Mehr als 20 verschiedene Arten von Hefepilzen und über 50 Bakterienarten tragen ihren Teil dazu bei, aus Mehl und Wasser eine Sauerteigkultur entstehen zu lassen. Ein Bäcker kann diesem ausgeklügelten Ökosystem lediglich die passenden Bedingungen anbieten, um sich zu entwickeln, indem er die Mehlauswahl und Wassermenge, die Umgebungstemperatur und den Fütterungsrhythmus des Teigansatzes bestimmt.

Nachdem Louis Pasteur 1857 die Hefe entdeckt und bestimmt hatte, hielt nur drei Jahrzehnte später die Backhefe Einzug in die Backstuben. Diese neuartige Monokultur wurde speziell dafür optimiert, den Teig auf kontrollierbare Art mit Gas zu versorgen, d.h. aufgehen zu lassen. Weil sich die Backhefe so berechenbar verhält, profitieren von ihr vor allem jene Menschen, die in absehbarer Zeit planbare Backerzeugnisse herstellen möchten.

Diesen offenkundigen Vorteilen des Hefeteigs zum Trotz besitzt Sauerteigbrot überzeugende positive Eigenschaften: Es liefert nicht nur viele Mineralstoffe, mit seinen speziellen Enzymen sorgt es auch für ihre Verwertbarkeit. Spezielle Milchsäurebakterien schützen das Sauerteigbrot vor Schimmelpilzen, was es länger haltbar macht als andere Brotsorten. Beim Gären eines Sauerteigs entwickeln sich bis zu 300 Aromastoffe, die den späteren Geschmack des Brotes beeinflussen. Möchten Sie selbst backen, dann kann ich Ihnen zum Schluss nur empfehlen, sich einmal geduldig auf das lohnenswerte Experiment einzulassen, einen eigenen Sauerteig anzusetzen, um Ihr eigenes Sauerteigbrot zu backen.

1-2 Brote für 6-8 Personen

45 Minuten + 2 h Ruhen/Backen 

Zucchini-Schafskäse-Brot

2-3	Zucchini (ca. 600 g)
150-200 g	Schafs- oder Ziegenkäse
1 kg	helles Dinkelmehl, Typ 630
275 ml	lauwarmes Wasser
2 Pk	Trockenhefe (à 10 g)
1 EL	Zucker
2 gestr. EL	Meersalz
1 TL	getrocknete Thymianblätter
	Mehl zum Bestäuben

Zubereitung

- Zucchini waschen und grob raspeln.
- Das Mehl auf der Arbeitsfläche anhäufen und in die Mitte eine große Vertiefung drücken. Wasser, Hefe, Zucker, Thymianblätter und Salz in die Kuhle geben und mit einer Gabel verrühren. Vorsichtig das Mehl von den Innenseiten der Vertiefung einarbeiten, dabei immer wieder Zucchiniraspel dazu geben. Kneten Sie den Teig mit bemehlten Händen auf diese Weise 4-5 Min., bis die Mischung nicht mehr klebt. Geben Sie nach Bedarf noch etwa Wasser oder Mehl hinzu, bis ein geschmeidiger und elastischer Teig entstanden ist. Je länger

Sie den Teig mit Freude drücken, rollen und schlagen, desto bekömmlicher ist später das Brot.

- Geben Sie nun das bemehlte gleichmäßige Teigstück in eine Schüssel, bedecken diese mit einem sauberen Geschirrtuch, und lassen Sie den Teig 30-60 Min. ohne Zugluft gehen. In der Zwischenzeit schneiden Sie den Schafskäse in kleine Stückchen.

- Hat der Teig sein Volumen etwa verdoppelt, schlagen Sie 1 Min. lang die Luft aus ihm heraus, indem Sie ihn auf die Arbeitsplatte werfen und wieder zusammendrücken oder von allen Seiten zur Mitte hin falten. Erst jetzt wird der Schafskäse in den Teig geknetet.

- Formen Sie 1 großen Laib oder 2 mittlere runde Laibe aus dem Teig und bestäuben Sie diese mit Mehl. Auf ein mit Backpapier belegtes und mit Mehl bestäubtes Backblech gelegt, darf der Teig noch einmal 30 Min. gehen.

- Anschließend wird er im vorgeheizten Backofen bei 180° Ober-/Unterhitze 30-45 Min. gebacken. Wenn das Brot knusprig aussieht und hohl klingt, wenn sie daraufklopfen, ist es fertig.

Herbst-Extra: Brot backen

In 4 Tagen Sauerteig selbst ansetzten

Zutaten für 600 g Dinkel-Sauerteig

75 g Dinkelmehl, Typ 1050

225 g Dinkelmehl, Typ 630

300 ml lauwarmes Wasser

1. Dinkelmehl (1050) mit 75 ml Wasser in einer Glas- oder Porzellanschüssel verrühren. Mit einem feuchten Tuch abgedeckt für 48 h bei Zimmertemperatur stehen lassen.

2. Nach 48 h 75 ml Wasser und 75 g Dinkelmehl (630) hineinrühren und weitere 24 h bei mindestens 25° abgedeckt stehen lassen.

3. Nach 24 Stunden 150 g Mehl (630) und 150 ml Wasser unterrühren und noch einmal 24 h an einem warmen Ort stehen lassen.

4. Nun ist der Sauerteig fertig und kann zum Backen verwendet werden. Füllen Sie den Rest in ein Schraubglas, dabei den Deckel nur locker aufsetzen und nicht zuschrauben. Im Kühlschrank ist der Ansatz mindestens 2 Wochen haltbar.

5. Möchten Sie nun aus dem Sauerteig-Ansatz im Kühlschrank ein Brot backen, setzten Sie über Nacht einen Sauerteig an, wie rechts beschrieben.

Ist Ihnen das zu langwierig, können Sie Ihren Sauerteig auch mit Sauerteig-Extrakt zubereiten, das es als Pulver zu kaufen gibt. Beachten Sie dazu die Hinweise auf der Packung.

Dinkel-Sauerteig-Brot

1 Brot für 4 Personen 👪
30 Min. + 14-16 h Ruhen/Backen ◷

Für den Sauerteig

180 g	Sauerteig-Ansatz
125 g	Dinkelmehl, Typ 630
100 ml	lauwarmes Wasser

Für das Quellstück

100 g	kernige Haferflocken
300 ml	Buttermilch

Für den Hauptteig

	Sauerteig (vom Vortag)
	Quellstück (vom Vortag)
300 g	Dinkelmehl, Typ 1050
1 gestr. TL	Trockenhefe
2 TL	Salz

Zubereitung

- Am Vorabend bereiten Sie den Sauerteig und das Quellstück zu: Für den **Sauerteig** den Sauerteig-Ansatz, Mehl und Wasser in eine Schüssel geben und die Mischung glattrühren. Die Schüssel abgedeckt bei Zimmertemperatur über Nacht mindesten 12 h stehen lassen. Für das **Quellstück** die Haferflocken mit der Buttermilch übergießen und das Ganze ebenfalls abgedeckt über Nacht stehen lassen.

- Am Backtag mischen Sie für den **Hauptteig** das Mehl mit der Hefe und dem Salz in der Schüssel Ihrer Küchenmaschine. Geben Sie den Sauerteig und das Quellstück vom Vortag dazu und verkneten Sie die Zutaten zu einem glatten Teig.

- Lassen Sie den Teig abgedeckt an einem warmen Ort insgesamt etwa 90 Min. ruhen. In dieser Zeit nach jeweils 30 Min. den Teig mit angefeuchteten Händen auf allen 4 Seiten von außen nach innen falten und wieder abdecken.

- Geben Sie nun das bemehlte Teigstück in ein Gärkörbchen (alternativ erfüllt auch ein Römertopf diesen Zweck) und lassen Sie den abgedeckten Teig noch einmal 1 h gehen.

- Heizen Sie den Ofen mit einem Backstein auf 250° Ober-/Unterhitze vor. Nun wird der auf ein Backpapier gestürzte Teig noch ein letztes mal gefaltet, bemehlt und evtl. eingeschnitten. Das Teigstück bei 250° mit dem Backpapier auf den Backstein legen, vorsichtig etwa 1 EL heißes Wasser in den Ofen geben (Vorsicht dampft!), Temperatur auf 180° herunterschalten und das Brot etwa 30 Min. backen. Auf einem Kuchengitter abkühlen lassen.

Was der Winter uns schenkt:

Ende und Neubeginn

Im Winter begegnen sich die beiden Jahre: während sich das Alte müde dem Ende zuneigt, wartet das Neue bereits tatenhungrig auf seinen Startschuss.

Für die Natur ist dies die Zeit, in der sie neue Kraft schöpft. Sie hat abgeschüttelt, was nicht mehr benötigt wird. Nun zieht sie sich zurück und legt sich zur Ruhe.

Winterschlaf und Aufbruchsstimmung

Kartoffeln, Kürbisse, Karotten, Rote Bete, Kohl, Zwiebeln, Äpfel und einzelne Salate wie Endivien, Zuckerhut und Radicchio dienen uns gut eingelagert den ganzen Winter über als Vorrat – gute Aussichten für eine entspannte Winterruhe.

Doch wir sind hin- und hergerissen, taumeln zwischen Müdigkeit und Aufbruchs-

In der Winternacht

Es wächst viel Brot in der Winternacht,
weil unter dem Schnee frisch grünet die Saat;
erst wenn im Lenze die Sonne lacht,
spürst du, was Gutes der Winter tat.

Und deucht die Welt dir öd und leer,
und sind die Tage dir rauh und schwer:
Sei still und habe des Wandels acht -
es wächst viel Brot in der Winternacht.

(Friedrich Wilhelm Weber, 1813 - 1894)

Der Frost macht es ihr leicht, die Kräfte in ihrem Inneren zu bündeln.

Auch auf den Feldern ist Ruhe eingekehrt. Nur wenige Sorten trotzen der Kälte und laufen nun erst zu Hochtouren auf: Grünkohl, Lauch, Pastinaken, Rosenkohl, Wirsing, Schwarzwurzeln, Chicorée, Feldsalat und Meerrettich werden den ganzen Winter über, teilweise bis ins zeitige Frühjahr hinein, geerntet. An ihnen erkennen wir, dass der Stillstand kein wirklicher ist.

stimmung hin und her. Oft kommt die Zeit der Ruhe dabei zu kurz. Die *besinnliche Zeit* ist gespickt mit Terminen, und kaum haben wir das Alte Jahr mit erheblichem Kraftaufwand abgeschlossen, zieht uns schon das Neue Jahr in seinen Bann. Doch halt!

Nehmen wir uns zwischendrin doch die Zeit und stärken uns mit wohltuenden heißen Suppen, wärmenden Gewürzen, gehaltvollen und festlichen Gerichten.

Erholung und Vorfreude

Fett ist nicht gleich Fett

Im Winter dürfen unsere Speisen gerne ein wenig mehr Fett enthalten als sonst, vor allem wenn wir kaltgepresste pflanzliche Öle sowie hochwertige Butter und Sahne verwenden. Entgegen der landläufigen Meinung ist Fett nicht per se schädlich.

Besonders günstig wirken sich die **ungesättigten Fettsäuren** in kaltgepressten Pflanzenölen auf unsere Gesundheit aus. Neben den einfach ungesättigten spielen die mehrfach ungesättigten Fettsäuren, und von jenen wiederum die Omega-3- und Omega-6-Fettsäuren, eine wesentliche Rolle. Letztere sind in einem Verhältnis von etwa 1:5 besonders günstig für unsere Zellen.

Gesättigte Fettsäuren sind in Maßen, und vor allem wenn sie in Butter, Sahne und Käse vorkommen, gesundheitlich durchaus vertretbar. Neben Protein und Fett enthält Käse etwa die wertvolle Kombination aus Calcium und Vitamin K.

Auf **Transfettsäuren** jedoch, die häufig in frittierten Industrieprodukten, Margarinen und manchen Brotaufstrichen vorkommen, sollte man verzichten. Sie können zu Entzündungen sowie Insulinresistenz führen und das Herz-Kreislauf-Erkrankungsrisiko massiv erhöhen.

Kaltgepresste Pflanzenöle – eine Auswahl

Olivenöl hat mit etwa 70 Prozent einen hohen Anteil an einfach ungesättigten Fettsäuren. Neben geringen Anteilen mehrfach ungesättigter sowie gesättigter Fettsäuren enthält es die für unsere Gesundheit besonders wertvollen Polyphenole, die sich entzündungshemmend und krebsvorbeugend auswirken können.

Sonnenblumenöl ist deutlich milder im Geschmack und enthält etwa 50 Prozent mehrfach ungesättigte Fettsäuren in Form von Omega-6-Fettsäuren (Linolsäure). Diese wirkt sich Studien zufolge günstig auf den Blutdruck und Blutfettspiegel aus.

Kürbiskernöl enthält ähnlich viel Linolsäure. Außerdem wirken seine zahlreichen Vitamine, Mineralstoffe und Spurenelemente vielseitig heilend. Sein aromatischer, nussiger Geschmack macht es so beliebt.

Traubenkernöl besitzt mit über 70 Prozent noch mehr Linolsäure und ist wegen seines neutralen Geschmacks vielseitig einsetzbar. Wir verwenden es gerne in Dressings, zum Kochen und Dünsten.

Leinöl hat den Vorteil, dass es bis zu 60 Prozent Omega-3-Fettsäuren (Linolensäure) enthält, die in unserer fischarmen Ernährung häufig zu kurz kommen.

Tipp

Etwas gehaltvoller und würziger wird
der Salat, wenn man am Ende noch
angebratene Speck- oder in Knoblauch geröstete Dinkel-Brot-Würfel-
chen darüber streut.

Orangensaftdressing an Feldsalat

4 Personen
20 Minuten

4 EL	weißer Balsamico-Essig
1	Orange (Saft)
5-6 EL	Traubenkernöl (oder ein anderes neutrales Öl)
1-2 EL	Agavendicksaft
1 TL	mittelscharfer Senf
	Salz
150 g	Feldsalat
einige	Granatapfelkerne zur Dekoration

Zubereitung

- ½ - 1 Orange auspressen. Eine Handvoll Kerne aus einem Granatapfel pulen und für die Dekoration beiseitestellen.

- Für das Dressing alle Zutaten in ein schmales hohes Gefäß geben und mit einem Pürierstab zu einer Soße verbinden.

- Schmecken Sie das Dressing nach Ihrem persönlichen Geschmack ab: Die Zugabe von Öl etwa macht das Dressing cremiger, Orangensaft betont die fruchtige Note – hier ist Experimentierfreude gefragt.

- Das Dressing erst unmittelbar vor dem Servieren über den geputzten und möglichst trockenen Feldsalat geben und mit Granatapfelkernen bestreuen. Die fruchtigen Kernchen passen gut zum Orangenaroma.

Feldsalat

Feldsalat ist eine winterliche Vitaminbombe. Da er eines der wenigen Gemüse ist, das in Deutschland auch im Winter angebaut wird, sollte er besonders häufig auf unserem Teller landen. Sein Vitamin- und Mineralstoffgehalt macht ihn zu einem der gesündesten Salate überhaupt. Besonders hervorzuheben ist sein Gehalt an den Vitaminen A und C. Sein Eisenanteil ist höher als in anderen Salaten.

Weil der Feldsalat eigentlich gar nicht zu den Blattsalaten zählt, sondern mit den Baldriangewächsen verwandt ist, ist er so schön aromatisch: Die ätherischen Baldrianöle verleihen ihm nämlich seinen typisch nussigen Geschmack.

Feldsalat bleibt nicht lange frisch. Idealer Weise kauft man ihn an dem Tag, an dem man ihn auch wirklich verarbeiten möchte. Maximal ein bis zwei Tage ist er im Kühlschrank haltbar.

Feldsalat sollte nach dem Waschen gründlich getrocknet werden, am besten mit einer Salatschleuder. Bleibt er zu nass, fallen die Blätter schnell zusammen und das Dressing haftet nicht mehr an ihnen.

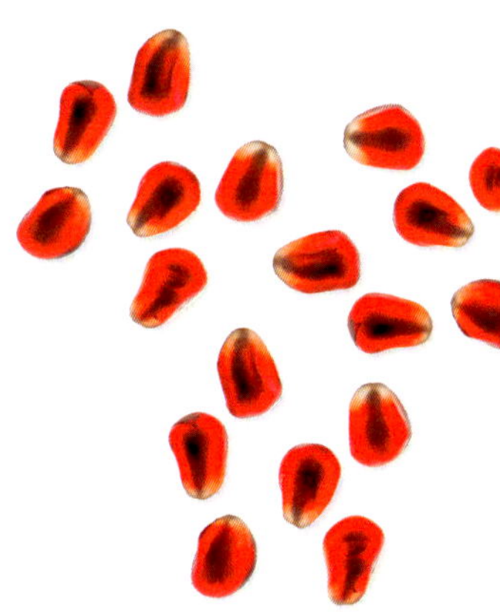

Karotten-Apfel-Rohkost mit Walnüssen

6-8 Personen 👪
20 Minuten 🕐

700 g	Karotten
2	saftige Äpfel
50 g	Walnüsse
½	Zitrone
125 ml	Apfelsaft
100 ml	Sahne
1 EL	Agavendicksaft
	Pfeffer aus der Mühle

Zubereitung

- Die halbe Zitrone auspressen. Karotten und Äpfel waschen, schälen und grob raspeln. Unmittelbar danach mit dem frisch gepressten Zitronensaft vermengen.

- Apfelsaft, Sahne und Agavendicksaft verrühren und mit Pfeffer würzen. Über die Rohkost geben und unterheben. Walnüsse mit einem scharfen Messer grob hacken und über die Rohkost streuen.

Tipp

Die Kombination mit Äpfeln und Apfelsaft verleiht den Karotten ein fruchtigsüßes Aroma, das vor allem Kinder überzeugt. Es kommt dem Aroma zugute, wenn die Rohkost noch etwas Zeit zum Durchziehen hat.

Nüsse

Die Deutsche Gesellschaft für Ernährung empfiehlt, täglich eine Handvoll (etwa 25 Gramm) Nüsse und Mandeln zu essen. Sie enthalten vor allem Fett, das aus wertvollen mehrfach ungesättigten Fettsäuren besteht. So gesund jene sind, sorgen sie doch auch dafür, dass Nüsse schnell ranzig werden. Darum ist es wichtig, auf Frische zu achten. Neben Fett enthalten Nüsse viel pflanzliches Eiweiß, Vitamine (vor allem B1 und E), Mineralstoffe (hauptsächlich Magnesium und Eisen) sowie Enzyme.

Allerdings ist in Nüssen auch Phytinsäure enthalten, die unseren Körper an der Aufnahme der enthaltenen Mineralstoffe und Enzyme hindert. Weichen wir die Nüsse vor dem Verzehr sechs bis acht Stunden ein, wird die Phytinsäure abgebaut und die wertvollen Inhaltsstoffe stehen uns in vollem Umfang zur Verfügung.

Nüsse Einweichen

Nüsse in ein Glas füllen. Mindestens die doppelte Volumenmenge an kaltem Wasser dazugeben. Bei Zimmertemperatur 6-8 h einweichen lassen. Anschließend das Wasser wegschütten und noch einmal unter fließendem Wasser abspülen.

Das Einweichen empfiehlt sich auch für Kerne, Getreidekörner und Hülsenfrüchte, wobei die Einweichzeiten stark variieren.

Wintersalat mit Himbeervinaigrette

6 Personen 👪
40 Minuten ⊙

750 g	gemischte Blattsalate (z.B. Eichblatt, Endivie, Radicchio, Feldsalat)
400 g	TK-Himbeeren
150 g	Schalotten
1-2 EL	Traubenkernöl
2 EL	Walnussöl
3 EL	(Kokosblüten-)Zucker
12 EL	weißer Balsamico-Essig
	Salz
	Pfeffer
300 g	milder Ziegenfrischkäse

Zubereitung

◆ Himbeeren in eine weite Schüssel geben und antauen lassen. Schalotten schälen und halbieren. Traubenkernöl in einer Pfanne erhitzen. Schalotten darin unter Wenden anbraten. 2 EL Zucker darüberstreuen und leicht karamellisieren. Mit 5 EL Essig ablöschen, aufkochen und etwa 1 Min. köcheln lassen. Mit Salz und Pfeffer würzen. Schalotten herausnehmen und getrennt vom Sud abkühlen lassen.

◆ Blattsalate waschen, trocken schütteln und in mundgerechte Stücke zupfen oder schneiden. Etwa ¼ der Himbeeren für die Dekoration beiseitelegen. Die restlichen Beeren in eine Schüssel geben und mit einer Gabel fein zerdrücken. 7 EL Essig und 1 EL Zucker unterrühren. Mit Salz und Pfeffer abschmecken. Walnussöl unterschlagen.

◆ Salat, beiseitegelegte Himbeeren und Schalotten mit dem Sud mischen. Auf einer großen Platte anrichten. Himbeervinaigrette darüber träufeln. Aus dem Frischkäse mit einem Teelöffel Nocken formen und auf dem Salat verteilen.

Ziegenkäse

Im Gegensatz zur Kuhmilch enthält die Ziegenmilch weniger Fett und Milchzucker. Dafür bietet Ziegenmilch Mineralstoffe und mehr Spurenelemente. Die kurzkettigen Fettsäuren sowie die besondere Struktur der Milcheiweiße macht sie besonders für Allergiker mit Laktose-Intoleranz bekömmlicher.

Geschmacklich scheiden sich bei Ziegenmilch-Produkten die Geister. Die Milch nimmt schnell den Geschmack ihrer Umgebung an. Leben die Ziegen an der frischen Luft, zeichnet ihre Milch ein feiner, sahniger, süßlicher Geschmack aus. Für den Käse gilt: Je jünger der Ziegenkäse, desto milder ist sein Aroma.

Tipps

Wer nicht auf die kleinen Himbeerkernchen beißen möchte, kann die aufgetauten Beeren durch ein feines Sieb passieren, bevor sie weiterverarbeitet werden.

Obwohl es sich auch für Ziegenmilchskeptiker lohnt, einen milden Ziegenfrischkäse zu probieren, kann dieses Rezept auch mit einem herkömmlichen Frischkäse aus Kuhmilch zubereitet werden.

Rote-Linsen-Suppe

4 Personen
40 Minuten

200 g	rote Linsen
6-8	Karotten
6-8	Kartoffeln
2 kleine	Zwiebeln
3-4 EL	neutrales Öl (z.B. Raps- oder Traubenkernöl)
1 l	Wasser
2 EL	milder Essig (z.B. weißer Balsamico)
1 gestr. TL	Glücksgewürz (Sonnentor)
	Salz
	Pfeffer

Zubereitung

- Karotten, Kartoffeln und Zwiebeln schälen. Zwiebeln (nicht zu fein) würfeln. Karotten längs halbieren und in etwa 5 mm dicke Scheiben schneiden. Kartoffeln in etwa 1 cm große Würfel schneiden.

- Die roten Linsen mit der doppelten Menge Wasser in einem Topf langsam zum Kochen bringen und in etwa 15 Min. garkochen.

- Währenddessen in einem weiteren Topf das Öl leicht erhitzen. Zwiebeln und Karotten hineingeben und mit Salz und Glücksgewürz würzen.

- Nach etwa 3 Min. die Kartoffeln dazu geben und das Gemüse auf höherer Stufe so lange anbraten, bis sich auf dem Topfboden ein leichter Belag bildet, die Zwiebeln aber noch nicht braun sind. Nun das Wasser hinzugeben, aufkochen und 5 Min. köcheln lassen.

- Die inzwischen gargekochten roten Linsen samt verbliebenem Kochwasser dazugeben. Mit Essig, Salz, Glücksgewürz und Pfeffer abschmecken.

Tipp

Passen Sie die Größe der Gemüse-Stücke dem Geschmack der mitessenden Kinder an. Karotten und Kartoffeln werden von Kindern gerne gegessen, wenn sie noch als solche erkennbar aber nicht zu groß sind.

Hülsenfrüchte

Nicht nur bei Veganern und Vegetariern sind Hülsenfrüchte sehr beliebt. Mit ihrem hohen Eiweißgehalt eignen sie sich zwar hervorragend als Fleischersatz. Doch neben Eiweiß stecken auch noch weitere wertvolle Nährstoffe, wie Vitamine, Mineralstoffe, sekundäre Pflanzenstoffe und vor allem Ballaststoffe in ihnen. Der regelmäßige Verzehr von Hülsenfrüchten kann sich positiv auf unseren Blutzucker- sowie Cholesterinspiegel auswirken.

Damit die Hülsenfrüchte beim Kochen optimal aufquellen, sollten sie erst am Ende der Garzeit gesalzen werden. Für eine bessere Verträglichkeit würzen Sie mit Bohnenkraut, Kümmel oder Anis.

Kartoffel-Apfel-Suppe

6-8 Personen
60 Minuten

12	Kartoffeln, mehlig kochend
6	säuerliche Äpfel
1 Stange	Lauch
1½ l	Gemüsebrühe
300 ml	Weißwein oder Gemüsebrühe
300 ml	süße Sahne

neutrales Öl (z.B. Raps-
oder Traubenkernöl)
Muskatnuss
Paprikapulver, scharf oder süß
Salz
Pfeffer

Zubereitung

- Die Kartoffeln schälen und in daumendicke Würfel schneiden. Gemeinsam mit dem in Scheiben geschnittenen Lauch in einem großen Topf in etwas Öl scharf anbraten.

- Mit Weißwein oder Gemüsebrühe ablöschen und kurz köcheln lassen. Äpfel entkernen und mit oder ohne Schale grob schneiden und dazugeben. Mit der Gemüsebrühe aufgießen und ca. 30 Min. köcheln lassen, bis die Kartoffeln durchgegart sind. In dieser Zeit verdunstet auch der Alkohol.

- Anschließend alles grob pürieren, wobei einige Gemüsestücke in der Suppe verbleiben dürfen. Sahne zugeben und mit Salz, Pfeffer, Muskat und 1 Prise Paprikapulver abschmecken, dabei mit dem Paprikapulver sparsam umgehen. Nicht mehr kochen.

Tipp

Die Äpfel verleihen der Suppe eine fruchtige Note, so dass die Variante (ohne Weißwein) auch von kleineren Kindern sehr gerne gegessen wird.

Winterapfel

Im Gegensatz zu den frühen Sorten, die bereits ab August geerntet werden und nicht lange gelagert werden können, entwickeln die Winteräpfel ihr Aroma erst ab Oktober. Dazu sollten sie möglichst lange am Baum verbleiben. Nach den ersten stärkeren Bodenfrösten (meist Mitte bis Ende November) ist es jedoch Zeit für die letzte Ernte des Jahres. Es gibt Lagersorten, die ihre Genussreife erst im Dezember oder Januar erreichen. Diese können unter guten Bedingungen (dunkel, kühl, luftig und mit etwas höherer Luftfeuchtigkeit) sogar bis März oder April gelagert werden.

Milde Meerrettich-Suppe

6 Personen 👪
40 Minuten 🕐

3 große	Kartoffeln
1 ½ große	Zwiebeln
3	Knoblauchzehen
1 Stk / 6 EL	Meerrettich (Kren)
3 EL	Olivenöl
1 ½ l	Rinderbrühe
200 ml	Most
200 ml	Sauerrahm
	Salz
	Pfeffer
6 Scheiben	Bauernbrot
	Butter
3 EL	Schnittlauchröllchen

Zubereitung

- Kartoffeln schälen und in kleine Würfel schneiden. Zwiebeln und Knoblauchzehen schälen und klein hacken.

- In einem Suppentopf Olivenöl erhitzen und die Zwiebeln darin hell anrösten. Mit Rinderbrühe und Most aufgießen, dann die Kartoffeln und den Knoblauch dazugeben, salzen und 15-20 Min. kochen.

- In der Zwischenzeit den Meerrettich fein reiben, anschließend die Hände gut waschen. Nun den glatt gerührten Sauerrahm mit dem Schneebesen in die Suppe einrühren, den Meerrettich dazu geben und mit Salz und Pfeffer abschmecken.

- Die Suppe mit dem Stabmixer nur kurz pürieren, so dass noch einige Kartoffelstücke darin verbleiben. Bei Bedarf noch etwas Wasser nachgießen.

- In einer beschichteten Pfanne etwas Butter erhitzen und die Brotscheiben beidseitig anbraten. Die Suppe in Tellern anrichten, die Brotscheiben in Stücke schneiden, auflegen und mit Schnittlauch bestreut servieren.

Tipps

Verwenden Sie nach Möglichkeit frisch geriebenen Meerrettich, dieser hat am meisten Aroma. Sollten Sie auf Kren aus dem Glas zurückgreifen, wählen Sie am besten eine Biosorte ohne Zusatz von Citronensäure.

Die Blätter lassen sich wie Kräuter trocknen und passen mit ihrer leichten Schärfe als aromatisches Gewürz gut zu Fleischgerichten aber auch zu Salat.

Meerrettich / Kren

Die hohe Konzentration an ätherischen Senfölen und seine zum Teil antibiotisch wirkenden Stoffe machten den Meerrettich zu einer weitverbreiteten Heil- und Gewürzpflanze. Meerrettich wird heute in weiten Teilen Europas, in Asien und Nordamerika kultiviert. Von der Pflanze wird im Handel ganzjährig frisch die weiße etwa 25 bis 35 Zentimeter lange Wurzel angeboten. Die Hauptsaison beginnt Ende Oktober bis Anfang November.

Cheddar-Mett-Topf

6 Personen
60 Minuten

500 g	Mett (gewürztes Schweinehack)
100 g	Cheddar
2 - 3	Süßkartoffeln
150 g	Kirschtomaten
1	Zwiebel
2	Knoblauchzehen
2 EL	Traubenkernöl
150 ml	Schlagsahne
8 Stiele	frischen Thymian (oder ½ TL getr. Thymian)
1 TL	Currypulver
1 TL	Kreuzkümmel
1 TL	Paprikapulver edelsüss
1 Prise	Zucker
2 TL	Senf
2 - 3 TL	Gemüsebrühe
	Salz
	Pfeffer

Zubereitung

- Zwiebeln und Knoblauch schälen und fein würfeln. Süßkartoffeln schälen, waschen und in kleine Würfel schneiden. Tomaten waschen und halbieren. Thymian waschen, Blätter abzupfen und fein hacken.

- 2 EL Öl in einem großen Topf erhitzen. Mett darin krümelig anbraten. Zwiebel, Knoblauch, Süßkartoffeln und ¾ des Thymians zufügen und mitbraten. Tomaten zugeben und mit Salz, Pfeffer, Curry, Kreuzkümmel, Paprikapulver und 1 Prise Zucker würzen. Senf unterrühren. Mit Sahne und 950 ml Wasser ablöschen. Aufkochen, Brühe einrühren und zugedeckt etwa 15 Min. köcheln lassen.

- In der Zwischenzeit Cheddar zunächst würfeln, dann krümelig hacken. In die Suppe rühren und in weiteren 5 - 10 Min. schmelzen. Noch einmal mit Salz und Pfeffer abschmecken und mit dem restlichen Thymian bestreuen.

Tipps

Wer es noch etwas deftiger mag, kann vor dem Servieren ein paar knusprige Schinkenwürfel über den Eintopf streuen. Dazu etwa 150 g durchwachsenen Schinken klein würfeln und in einer kleinen Pfanne in 1 TL Öl knusprig anbraten.

In Bayern ist Mett in den Metzgereien weniger bekannt. Ebensogut wie Mett kann man auch Bratwurstgehäck und Schweinehackfleisch im Verhältnis 1:1 verwenden.

Tipps

Für dieses Gulasch muss man etwas mehr Zeit einplanen. Kocht man die doppelte Menge und bereits einen Tag im Voraus, lohnt sich der Aufwand doppelt.

Während den drei Stunden reiner Garzeit kann man die sehr gut dazu passenden Spätzle (Rezept S. 160) zubereiten.

Achten Sie bei der Zubereitung für Kinder vor allem auf genügend Soße. Diese wird mit Spätzle besonders gerne gegessen.

Gulasch "Österreichische Art"

1,2 kg	durchwachsenes Rindfleisch (Schulter oder Wade)
5 (500 g)	Zwiebeln
1 (200 g)	roter Paprika
1 (200 g)	gelber Paprika
1 (200 g)	mehlig kochende Kartoffel
2 EL	Mehl
3 EL	Pflanzenöl
5 EL	Tomatenmark
250 ml	kräftiger Rotwein (kann man weglassen)
1½ l	Bratenfond
2 EL	edelsüßes Paprikapulver
1 EL	rosenscharfes Paprikapulver
	Salz
	schwarzer Pfeffer

Für die Würzmischung

1 EL	edelsüßes Paprikapulver
1	kleine Knoblauchzehe
3 EL	getrockneter Majoran
½	Bio-Zitrone (geriebene Schale)
1 TL	Kümmelsamen
	Cayennepfeffer
2 EL	Agavendicksaft oder Kokosblütenzucker

Zubereitung

- Die Zwiebeln schälen und in 1 cm große Würfel schneiden. Paprikaschoten waschen, halbieren, entkernen und weiße Samenwände entfernen. Die Hälften in 1 cm breite Streifen schneiden.

- Das Fleisch in etwa 4 cm große Stücke schneiden. In einer großen Schüssel mit Salz, Pfeffer und Paprikapulver würzen. Mit Mehl bestäuben und durchmischen.

- Das Öl in einem großen Topf erhitzen. Die Fleischstücke darin von jeder Seite 2 Min, scharf anbraten. Die Zwiebeln zugeben und 3 Min. mitbraten. Tomatenmark einrühren und bei mittlerer Hitze etwa 10 Min. unter Rühren rösten. Mit einem Schuss Wein ablöschen und etwa 2 Min. einkochen lassen. Den restlichen Wein aufgießen und weitere 2 Min. einkochen.

- Den Bratenfond zugießen. 1 EL Majoran bereits jetzt dazu geben. Das Gulasch aufkochen und zugedeckt bei schwacher Hitze 2 h schmoren lassen.

- Die Kartoffel schälen und fein reiben. Mit den Paprikastreifen ins Gulasch rühren. Noch etwa 1 Stunde weitergaren, bis das Fleisch beim Hineinstechen weich ist.

- Für die Würzmischung das Paprikapulver mit 1 Schuss kaltem Wasser verrühren. Knoblauch schälen und möglichst fein hacken. Die restlichen 2 EL Majoran, den Knoblauch, die geriebene Zitronenschale, Kümmel und Cayennepfeffer in die Paprikapaste rühren.

- Das Gulasch offen 10-15 Min. sämig einkochen lassen. Gegen Ende der Garzeit die Würzmischung einrühren und mit Salz, Pfeffer und Agavendicksaft abschmecken.

Süßkartoffel-Hackfleisch-Auflauf

4 Personen
60 Minuten

600 g	Süßkartoffeln
500 g	gemischtes Hackfleisch
1	Zwiebel
2	Knoblauchzehen
2 EL	Tomatenmark
2 EL	Oregano
150 g	Fetakäse
200 ml	Sahne
120 g	geriebener Mozzarella
	Salz
	Pfeffer

Zubereitung

- Süßkartoffeln schälen und etwa 20 Min. im Ganzen in Salzwasser garkochen.

- In der Zwischenzeit die Zwiebel und den Knoblauch fein hacken. Das Hackfleisch in einer Pfanne anbraten. Zwiebel und Knoblauch kurz mitbraten, dann Tomatenmark und Oregano hinzufügen und mit Salz und Pfeffer würzen. Den Fetakäse in kleine Würfel schneiden.

- Die Süßkartoffeln etwas abkühlen lassen und noch warm in Scheiben schneiden. Etwa die Hälfte in eine gefettete Auflaufform geben. Die Hälfte des Hackfleischs und des Fetas darauf verteilen. Den Vorgang wiederholen und alles mit Sahne übergießen.

- Noch einmal mit Salz und Pfeffer würzen. Den Auflauf mit Mozzarella bestreuen und bei 200° etwa 30 Min. backen, bis der Käse goldbraun ist.

Tipp

Werden die Süßkartoffeln im Stück gegart, zerfallen sie nicht so schnell.

Dazu passt

unser Feldsalat mit Orangensaftdressing (Rezept S. 136) und ein frisches Fladenbrot.

Süßkartoffel

Die orangefarbene Knolle hat mit unserer Kartoffel zwar den Namen gemein, ist aber im Gegensatz zu ihr kein Nachtschatten-, sondern ein Windengewächs. Sie bildet also kein giftiges Solanin (vgl. S. 63, S. 67) aus, wie es Nachtschattengewächse tun. Ihr hoher Gehalt an Vitamin A und Beta-Carotin, Vitamin E und Ballaststoffen macht sie so gesund. Darüber hinaus schmeckt sie deutlich süßer als Kartoffeln.

Ihr einziger Nachteil ist die derzeit noch negative CO_2-Bilanz. Die meisten Knollen kommen aus Übersee zu uns, wobei sich inzwischen auch Bauern in Südeuropa und bei uns an ihrem Anbau versuchen. Es lohnt sich also beim Einkauf genauer hinzusehen.

Hirse

In Asien und Afrika gilt die Hirse aufgrund ihres hohen Nährstoffgehalts seit Jahrtausenden als unverzichtbares Grundnahrungsmittel. In Europa verlor der Hirseanbau im 17. Jahrhundert mit dem zunehmenden Anbau von Kartoffeln, Mais und den ertragreicheren Getreidearten Weizen und Roggen an Bedeutung. Inzwischen haben zahlreiche europäische Landwirte das fast vergessene glutenfreie Getreide neu entdeckt, so dass die Rispenhirse auch in Deutschland wieder angebaut wird.

Es gibt gelbe, rote, braune und fast weiße Hirse. Bereits die Färbung gibt Aufschluss über die Inhaltsstoffe des Korns: Während die gelbe Farbe der Goldhirse auf ihren Gehalt an Beta-Carotin hinweist, deutet eine rötliche Färbung auf Anthocyane (Flavonoide) hin. Hirse enthält generell zahlreiche wertvolle Mineralstoffe und Spurenelemente und punktet gegenüber anderen Getreidearten vor allem mit einem hohen Eisengehalt. Eisen wird von unserem Körper am besten aufgenommen, wenn es mit Vitamin-C-reichen Lebensmitteln kombiniert wird.

Gemüse-Hirse-Auflauf

4 Personen 

25 Min. + 25 Min. Backen

150 g	Goldhirse
2	Zwiebeln
2	Karotten
1 kg	Gemüse nach Wahl (z.B. Rosenkohl, Blumenkohl, Broccoli oder Fenchel)
½ l	Gemüsebrühe
1-2 EL	Butterschmalz
2 Prisen	Muskat
2-3 TL	Puderzucker (nach Geschmack)
100 g	Schmand
125 ml	Milch
60 g	gehackte Haselnüsse oder Mandeln
100 g	geriebener Käse (z.B. Appenzeller)
	Salz
	Pfeffer

Zubereitung

- Die Hirse in einem feinen Sieb gründlich mit heißem Wasser abspülen, in einen Topf geben, mit heißer Gemüsebrühe übergießen und auf niedrigster Stufe etwa 15 Min. ausquellen lassen. Wer es körniger mag, kann die Quellzeit entsprechend heruntersetzen.

- Die Zwiebeln schälen und in feine Würfel schneiden. Die Karotten grob raspeln und beides gemeinsam in etwas Butterschmalz glasig dünsten.

- Den Backofen auf 200° Ober-/Unterhitze vorheizen. Die gekochte Hirse mit den Zwiebeln und Karotten mischen.

- Das Gemüse putzen, wenn nötig zerkleinern und in Salzwasser garen. Abgießen, in etwas heißem Butterschmalz schwenken und mit Muskat bestreuen. Wenn Sie Rosenkohl verwenden, schmelzen Sie 2-3 TL Puderzucker im Butterschmalz an, bevor der Rosenkohl hineingegeben wird.

- Den Schmand mit Milch, gehackten Nüssen und geriebenem Käse mischen. Die Soße mit Salz und Pfeffer abschmecken.

- Eine Auflaufform (20 x 25 cm) mit dem restlichen Fett einreiben. Die Hirsemischung hineingeben. Das Gemüse darauf verteilen und mit der Soße bedecken. Auf der 2. Schiene von unten 20-25 Min. backen, bis die Kruste appetitlich gebräunt ist.

Tipp

Verfeinern Sie diesen Auflauf nach Ihrem Geschmack und in Abhängigkeit vom Gemüse, indem Sie zusätzlich mit Knoblauch und/oder Kräutern würzen.

Wirsing-Getreide-Gratin

4 Personen
60 Minuten

1	Wirsing, mittelgroß
100 g	geschroteter Dinkel
200 g	holzgedarrter Grünkern **oder**
100 g	Naturreis
10	frische Salbeiblätter
500 g	Karotten **und/oder**
400 g	Egerlinge oder Champignons
100 g	Butter
200 ml	Sahne
100 g	geriebener Emmentaler
2	Eier
	Salz
	Muskatnuss
etwas	Zitronenschalen-Abrieb
	weißer Pfeffer

Wirsing

Obwohl das vielseitige Kohlgemüse bei uns das ganze Jahr über erhältlich ist, sollte der Vitaminlieferant gerade im Winter – wenn die regionalen Alternativen knapp werden – auf unserem Speiseplan nicht fehlen. Wirsing ist reich Vitaminen (unter anderem den B-Vitaminen, Vitamin C und E), Mineral- und sekundären Pflanzenstoffen. Weil unter anderem Vitamin C besonders hitzeempfindlich ist, empfiehlt es sich, die Blätter hin und wieder roh zu genießen, z.B. als Zutat in einem grünen Smoothie oder in einem bunten Salat.

Zubereitung

- Dinkel und Grünkern (oder Naturreis) nach Packungsanleitung 30-45 Min. in etwa der doppelten Menge Wasser aufkochen und ausquellen lassen.

- Den Wirsing von Strunk und Außenblättern befreien, achteln und in Streifen schneiden. Gemeinsam mit 8 kleingehackten Salbeiblättern in 75 g Butter andünsten. Nach 10 Min. mit 150 ml Wasser ablöschen. Haftet der Wirsing am Topfboden an, etwas mehr Wasser zugeben. Mit Salz, Muskatnuss und nach Geschmack etwas geriebener Zitronenschale würzen und weitere 15 Min. dünsten.

- Karotten schälen und am Stück in Salzwasser bissfest kochen. Anschließend längs halbieren oder vierteln und in 5 cm lange Streifen schneiden.

- Die Egerlinge oder Champignons putzen und je nach Größe halbieren oder vierteln. In der restlichen Butter andünsten und mit etwas Salz abschmecken.

- Sahne, Käse und Eier mit 1 Prise Salz und weißem Pfeffer verrühren. Backofen auf 200° vorheizen.

- Eine große Auflaufform gründlich einfetten. Zuerst das Getreide, dann die Karotten und/oder Champignons und den Wirsing hineinschichten. Zum Schluss die Sahne-Käse-Ei-Mischung gleichmäßig darüber verteilen. 10-15 Min. überbacken.

- Vor dem Servieren mit 2-3 feingehackten Salbeiblättern garnieren.

Tipp

Ersetzen Sie den holzgedarrten Grünkern einfach durch naturbelassenen Grünkern oder die halbe Menge Naturreis, wenn Ihnen das Räucheraroma nicht zusagt.

Putenrollbraten

4 Personen
90 Minuten

1 kg	Putenrollbraten mit Haut
3	Zwiebeln
5 TL	Tomatenmark
1 TL	Honig
3 EL	Öl
300 ml	Wasser
600 ml	Geflügelfond oder Gemüsebrühe
	Butterschmalz (zum Anbraten)
2	Lorbeerblätter
	Rosmarin
	Salz
	Pfeffer
1	Mehlteigerl aus hellem Dinkelmehl (Zubereitung siehe S. 116)

Zubereitung

- Zwiebeln schälen und in grobe Stück schneiden.
- Das Tomatenmark mit Honig, Öl und ein wenig Wasser anrühren und in einem kleinen Topf leicht erwärmen.
- Den Putenrollbraten von beiden Seiten gut salzen und pfeffern, anschließend beidseitig mit einem Pinsel mit der Marinade bestreichen und mit Rosmarin bestreuen. Den Rest der Marinade für später beiseitestellen.
- Ein wenig Butterschmalz in einem Bräter auf der Herdplatte erhitzen, die Hälfte der Zwiebeln dazugeben und den Putenrollbraten mit der Hautseite nach unten hineinlegen. Beide Seiten kurz scharf anbraten. Wasser angießen und die Lorbeerblätter zugeben.
- Den Bräter bei 200° auf der mittleren Schiene in den Backofen schieben und die ersten 25 Min. ohne Deckel schmoren. Nun den Geflügelfond und die restlichen Zwiebeln dazugeben, den Bräter mit seinem Deckel verschließen und weitere 35-45 Min. schmoren lassen.
- 10 Min. vor Ende der Garzeit den Deckel entfernen, die restliche Marinade dazugeben und nach Geschmack nachwürzen. Dazu den Bräter aus dem Backofen herausnehmen und auf die warme Herdplatte stellen. Das Fleisch aus dem Bräter nehmen, die Soße aufkochen und mit einem Mehlteigerl binden. Erneut abschmecken, das Fleisch wieder hineinlegen und fertiggaren.

Dazu passen unsere Kartoffelklöße (Zubereitung siehe S. 161).

Schwäbische Spätzle

6 Personen

45 Minuten

800 g	Dinkelmehl hell (Typ 630) oder Spätzlemehl
8	Eier
2 TL	Salz
500 ml	lauwarmes Wasser (evtl. etwas mehr)
4 l	Wasser
1 ½ EL	Salz
etwas	Butter

Zubereitung

- Mehl, Eier und Salz in einer Schüssel (von Hand oder mit dem Rührgerät) verrühren. Zum Rühren von Hand eignet sich ein Kochlöffel mit Loch. Das lauwarme Wasser langsam einrühren, bis ein leicht zäher Teig entsteht. Wenn man den Löffel durch den Teig zieht und leichten Widerstand spürt, besitzt er die richtige Konsistenz.

- Den Teig etwa 15 Min. ruhen lassen und danach noch einmal kurz durchrühren. Der Kleber im Mehl hat den Teig noch etwas fester gemacht, so dass noch 1-2 TL Wasser hinzugefügt werden können.

- Während der Ruhezeit 4 l Salzwasser in einem großen Topf zum Kochen bringen. Eine Schüssel für die fertigen Spätzle im Ofen warmhalten, etwas Butter hineingeben. Erst wenn das Wasser kocht, wird der Teig in den Spätzlehobel gefüllt und unmittelbar ins kochende Wasser hineingehobelt. Kurz aufkochen lassen. Wenn die Spätzle nach oben kommen, mit dem Schaumlöffel herausheben und in die vorgewärmte Schüssel geben und kleine Butterflöckchen darüber geben. Die Spätzle zum Warmhalten in den Backofen stellen. Den Vorgang so lange wiederholen, bis der Teig aufgebraucht ist, anschließend sofort servieren.

Kartoffelklöße

4 Personen
40 Minuten

2 Pk   roher Kartoffelkloßteig
6-8 EL   Dinkel- oder Roggen-
        Brotwürfel
2-3 EL   Butterschmalz oder Butter

Zubereitung

- Brotwürfel in Butterschmalz oder Butter hellbraun anbraten.

- Mit feuchten Händen aus dem Kloßteig die Klöße formen. Dabei mit dem Daumen eine Mulde in die Mitte pressen, einige Brotwürfel hineingeben, die Öffnung verschließen und einen kugelrunden Kloß formen.

- In einem weiten Topf reichlich Salzwasser zum Kochen bringen, die Klöße vorsichtig hineingeben und leicht siedend, aber nicht mehr kochend in ca. 20 Min. fertiggaren.

Tipp

Kinder helfen gerne beim Kochen, wenn sie nebenher ein wenig naschen dürfen. Bereiten Sie die doppelte Menge an Brotwürfeln zu, werden sicherlich ein paar fleißige Kinderhände zur Stelle sein.

Apfel-Zimt-Milchreis

4 Personen
45 Minuten

1 l	Milch
130-140 g	Milchreis
1 Prise	Salz
1	Bio-Zitrone
2	Eier
20 g	kalte Butter
2 EL	Zucker
500 g	Apfelmark (ungesüßtes Apfelmus)
4 TL	Zucker-Zimt-Mischung

Zimt

zählt zu den ältesten Gewürzen der Welt und gelangte im 14. Jahrhundert nach Europa. Angebaut wird der echte Ceylon-Zimt in Süd- und Südostasien, auf Madagaskar sowie auf den Seychellen.

Neben dem hochwertigen Ceylon-Zimt ist bei uns überwiegend der sogenannte Cassia-Zimt erhältlich, dessen Gehalt an Cumarin um ein Vielfaches höher ist. Cumarin kann die Leber schädigen, weshalb vor allem Kinder und Schwangere auf Cassia-Zimt verzichten sollten.

Der Cumarin-Gehalt ist beim Ceylon-Zimt zu vernachlässigen. Seine positiven Einflüsse stehen im Vordergrund: Er macht unsere Speisen bekömmlicher, beugt Blähungen vor und beeinflusst möglicherweise unseren Blutzuckerspiegel positiv.

Zubereitung

- Die Milch mit 1 Prise Salz in einen Topf geben, den Reis gleich mit einrühren. Die Zitrone heiß waschen und etwa die Hälfte der Schale fein in den Milchreis reiben.

- Den Milchreis langsam zum Kochen bringen und anschließend bei niedriger Hitze unter ständigem Rühren etwa 25 Min. ausquellen lassen.

- Den Topf vom Herd nehmen und 10 Min. abkühlen lassen. In der Zwischenzeit die Eier trennen. Das Eiweiß steif schlagen und das Eigelb verrühren.

- Die kalte Butter, das Eigelb und den Zucker mit dem Rührgerät eine gute ½ Min. in den Milchreis rühren. Im Anschluss daran den Eischnee vorsichtig aber gründlich unterheben.

- Den Reisbrei mit Apfelmark und der Zucker-Zimt-Mischung (oder einem anderen Obstmus oder Kompott) anrichten.

Tipp

Der Milchreisbrei ist durch den Eischnee so fluffig, dass er auch kalt wunderbar schmeckt. Im Kühlschrank aufbewahrt kann er problemlos am nächsten Tag gekühlt oder auch noch einmal erwärmt genossen werden.

Ayurvedische Feigen-Dattel-Creme

6-8 Personen
20 Minuten

14	Soft-Datteln, getrocknet und entsteint
11-12	Soft-Feigen, getrocknet
600 ml	Sahne

Trockenfrüchte

Die getrockneten Früchte besitzen im Gegensatz zu ihren frischen Pendants nur noch einen Restwassergehalt von 18 bis 25 Prozent. Das sowie die Tatsache, dass beim Dörren der Zuckergehalt verhältnismäßig stark ansteigt, macht Trockenobst besonders lange haltbar.

Leider gehen während des Dehydrationsvorgangs die meisten Vitamine verloren. Mineralstoffe hingegen bleiben erhalten.

Bei den im Handel angebotenen Produkten fallen bei einzelnen Obstsorten große Farbunterschiede auf. Getrocknete Aprikosen etwa gibt es in leuchtendem Orange, aber auch in fahlem Braun zu kaufen. Dörrgut wird häufig mit Schwefel behandelt, um die ursprüngliche Farbe zu bewahren. Optisch ist es dadurch ansprechender, gesundheitlich unbedenklicher und geschmacklich authentischer sind jedoch die ungeschwefelten Früchte.

Trockenobst hat zwar einen deutlich höheren Energiegehalt als frische Früchte, gegenüber den meisten Süßigkeiten ist es aber relativ kalorienarm und natürlich deutlich gesünder.

Zubereitung

- Jeweils 6 Datteln und Feigen sehr klein schneiden. Die restlichen Trockenfrüchte in wenig Wasser erhitzen, bis sie etwas weicher geworden sind. Obwohl am Ende alle Trockenfrüchte püriert werden, ist die unterschiedliche Konsistenz der Früchte wichtig.
- Alle Datteln und Feigen mit der flüssigen Sahne in einem Mixgerät oder mit dem Pürierstab pürieren. Dabei je nach Größe des Mixbehälters evtl. auf 2 Portionen aufteilen.
- In Dessertgläser füllen und bis zum Servieren kaltstellen.

Tipp

Trockenobst selbst herstellen: Schälen, entkernen und schneiden Sie das Obst Ihrer Wahl in Scheiben. Wenn Sie Apfelringe zubereiten, legen Sie diese vor dem Backen etwa 10 Min. in etwas Wasser mit Zitronensaft. Dann verfärben sich die Äpfel nicht zu sehr.

Legen Sie die Scheiben mit ausreichend Abstand auf einen mit Backpapier ausgelegten Rost in den Backofen. Bei 50-60° dauert der Dörrvorgang – je nach Obstsorte und Größe der Stücke – mehrere Stunden oder sogar über Nacht. Lassen Sie die Backofentür einen Spalt offenstehen, damit die Feuchtigkeit entweichen kann. Fertig sind die Trockenfrüchte, wenn sie eine elastische, lederartige Konsistenz angenommen haben und auf Druck nachgeben. Es sollten keine feuchten Stellen mehr vorhanden sein.

Möchten Sie häufiger Trockenobst herstellen, kann sich die Anschaffung eines kleinen Dörrapparates für zu Hause lohnen.

Apfelpudding "Vanille-Spekulatius"

12	Spekulatius-Kekse
500 g	Vanillejoghurt (mit Bourbon-Vanille)
1 l	Apfelsaft
2 Pk	Dessertcreme (z.B. Joghurt-Traum von SOBO für jeweils 350 ml Flüssigkeit)
2 Pk	Vanillepuddingpulver
2-3 EL	Zucker
evtl.	etwas geschlagene Sahne oder Spekulatius-Bruch zum Dekorieren

Zubereitung

♦ Die Spekulatius-Kekse von Hand zerkleinern und auf 6 Dessertgläser aufteilen.

♦ Dessertcreme-Pulver zunächst mit einer Gabel unter das Joghurt mischen, anschließend mit dem Handmixer auf höchster Stufe zu einer festen glatten Masse verarbeiten.

♦ Puddingpulver mit Zucker vermischen und in etwas Apfelsaft auflösen. Restlichen Apfelsaft erhitzen. Sobald er kocht, von der Herdplatte nehmen und Pudding-Pulver-Gemisch zügig und kräftig einrühren.

♦ Apfelpudding und Vanillecreme in folgenden Schichten auf den Spekulatius-Bruch geben: 3-4 EL Apfelpudding – 2-3 EL Vanillecreme – 3-4 EL Apfelpudding.

♦ Gläser mindestens 1 h kaltstellen. Vor dem Servieren mit etwas geschlagener Sahne oder Spekulatius-Bruch dekorieren.

Vanille

Ursprünglich stammt das Orchideengewächs aus Mexiko. Von den weltweit existierenden über 100 Vanillesorten liefern nur 15 aromatische Kapseln. Besonders bekannt und in Europa beliebt ist die Bourbon-Vanille, die von der Insel La Réunion stammt, die früher den Namen *Ile Bourbon* trug.

Dem Gewürz und insbesondere seinem Hauptaromastoff Vanillin werden diverse positive Auswirkungen auf unseren Körper nachgesagt. So soll die echte Vanille unter anderem eine stimmungsaufhellende, beruhigende und entzündungshemmende Wirkung besitzen.

Echte Vanille zählt weltweit zu den begehrtesten Gewürzen. Es können aber nur etwa 1000 Tonnen jährlich produziert werden. Weil der Bedarf damit bei weitem nicht gedeckt werden kann, wird der Hauptaromastoff Vanillin hauptsächlich synthetisch hergestellt. Beim Einkaufen sollte man deswegen genau auf die Zutatenliste achten: Ist *künstliches Aroma* oder *echte Vanille* im Produkt enthalten?

Lebkuchenparfait mit Honigschaum

8-10 Personen 
35 Min. + 6-8 h Gefrierzeit

1   Elisenlebkuchen
(ohne Schokolade)
3-4   Spekulatius-Kekse
3   Eier
400 ml   Schlagsahne
3 EL   (Kokosblüten-)Zucker
50 g   dunkle Schokolade,
gehackt oder geraspelt

Für den Honigschaum

300 ml   Sahne
5 EL   Honig

Zubereitung

- Elisenlebkuchen und Spekulatius in kleine Stückchen zerteilen, hacken und eventuell mahlen. Die Oblate dabei grob entfernen.

- Die Eier trennen. Eigelb mit 1 EL Zucker schaumig rühren. Eiweiß mit 2 EL Zucker zu Eischnee schlagen. Sahne steif schlagen.

- Eigelb, Schokoladenraspel und Lebkuchen unter die Sahne ziehen. Den Eischnee in 2 Portionen vorsichtig unter die Masse heben. In Portionsförmchen oder in eine mit Klarsichtfolie ausgelegte Kuchen-Kasten-Form füllen und für 6-8 h in den Gefrierschrank stellen. Etwa ½ h vor dem Servieren zum Antauen in den Kühlschrank stellen.

- Den Honigschaum erst unmittelbar vor dem Servieren zubereiten. Dazu die Sahne nicht zu steif schlagen. Den Honig in einem Topf leicht erwärmen, bis er dünnflüssig ist und noch leicht warm in die Sahne einrühren. Das angerichtete Parfait damit großzügig beträufeln.

Lebkuchen

Bei der gewaltigen Produktvielfalt lohnt sich ein Blick hinter die Kulissen: Die *Leitsätze für Feine Backwaren* legen genau fest, was sich hinter den verschiedenen Bezeichnungen verbirgt: Während *Braune Lebkuchen* gar keine Ölsamen (z.B. Nüsse) enthalten müssen, ist der Gehalt an Ölsamen bei *Oblaten-Lebkuchen* genau geregelt: *Einfache Oblaten-Lebkuchen* müssen mindestens sieben Prozent, *Feine Oblaten-Lebkuchen* mindestens 14 Prozent und *Feinste Oblaten-* oder *Elisen-Lebkuchen* mindestens 25 Prozent Ölsamen enthalten. Für Letztere dürfen nur sogenannte Edel-Ölsamen, also Haselnüsse, Walnüsse und Mandeln verwendet werden.

Tipps

Für dieses Rezept sollte man genügend Zeit einplanen, da die Kühlzeit 6-8 h beträgt. Es kann auch gut 1-3 Tage vorher zubereitet werden.

Sehr gut lassen sich hart gewordenen Lebkuchen vom Vorjahr verwenden. Werden Lebkuchen richtig (trocken und in Blechdosen) gelagert, schimmeln Sie nicht, sondern werden mit der Zeit lediglich fest.

Winter-Extra: Eingemachtes

Fermentiertes Gemüse

Während beim Kochen Energie von außen zugeführt wird, erzeugt das Gärgut beim Fermentieren die Energie aus sich selbst heraus. Sauerteigbrot, Käse, Joghurt, Kefir und sauer vergorenes Gemüse sind nur ein paar wenige Produkte, die mithilfe von Milchsäurebakterien diesen speziellen Zersetzungsprozess durchlaufen. Jene Bakterien siedeln bereits auf dem rohen Gemüse. Unter Entzug von Sauerstoff und mithilfe von Salz machen sie sich in der Lake an die Arbeit, den Zucker aus dem Gemüse in Milchsäure zu verwandeln, während die Milchsäure andere Bakterien abtötet. Auf diese Weise konnten Lebensmittel bereits haltbar gemacht werden, lange bevor es andere Konservierungsmethoden gab.

Abgesehen von der langen Haltbarkeit liefert fermentiertes Gemüse unserem Körper über Monate hinweg probiotische Kulturen, die für eine gesunde Darmflora sorgen und unsere Abwehrkräfte stärken. Setzen Sie das frische Gemüse im Sommer und Herbst unmittelbar nach der Ernte an, profitieren Sie den ganzen Winter über von seinem hohen Gehalt an Vitaminen und sekundären Pflanzenstoffen. Diese natürlichen bioaktiven Substanzen, die nur in pflanzlicher Nahrung vorkommen, wirken in unserem Körper antioxidativ, immunstimulierend und gerinnungshemmend. Damit helfen sie uns unter anderem dabei, Krebs, Diabetes und Herz-Kreislauf-Erkrankungen vorzubeugen.

Kulinarisch betrachtet erlebt sauer vergorenes Gemüse, das lange mit verstaubten Einmachgläsern in Omas Keller assoziiert wurde, ein Comeback. Es eignet sich hervorragend als dezente Beigabe zu Salaten und Fleischgerichten sowie in Kombination mit mildem Frischkäse.

Tipps

Sauberkeit: Beim Fermentieren muss man sehr sauber arbeiten, damit sich die Milchsäurebakterien ungestört ausbreiten können. Darum sollten alle Utensilien, die mit dem eingelegten Gemüse in Berührung kommen, zuvor abgekocht werden.

Salzwahl: Verwenden Sie ausschließlich Salz ohne Zusatzstoffe (Jod, Fluor, Rieselhilfe), denn jene mögen die Milchsäurebakterien gar nicht. Wir empfehlen ein hochwertiges Meer- oder Steinsalz.

Salzgehalt: Wieviel Salz wir verwenden, wirkt sich nicht nur auf das Aroma, sondern auch auf die spätere Konsistenz des Gemüses aus. Pro Kilogramm Gemüse benötigen wir 20 bis 30 Gramm Salz. Für hartes Gemüse wie Karotten oder Rote Bete nehmen wir weniger Salz als zum Beispiel für Gurken.

Sauer vergorenes Gemüse

250 g	Bio-Sellerie
250 g	Bio-Karotten
250 g	Bio-Blumenkohl
500 ml	abgekochtes Wasser
10-15 g	Salz ohne Zusatzstoffe, z.B. Meer- oder Steinsalz

Zubereitung

◆ Das Einmachglas abkochen. Das Gemüse gründlich waschen, Sellerie und Karotten schälen. Sellerie in feine Stifte, Karotten in 3 mm dünne Scheiben schneiden und Blumenkohl in kleine Röschen teilen. In dieser Reihenfolge das Gemüse in das Einmachglas schichten, bis es höchstens zu 4 Fünftel gefüllt ist.

◆ Wasser abkochen und erkalten lassen. Salz darin auflösen und über das Gemüse geben, bis es etwa 2-3 cm über dem Gemüse steht. Nach oben hin noch etwas Platz im Glas lassen, denn bei der Milchsäuregärung zischt, schäumt und blubbert es gewaltig.

◆ Das Gemüse muss vollständig mit Wasser bedeckt sein. Falls es immer wieder an die Oberfläche treibt, können Sie es mit einem Weißkohlblatt oder einem Weinblatt bedecken. Für spezielle Gärtöpfe gibt es Gewichte, die das Gemüse nach unten drücken. Bedecken Sie das Einmachglas vorerst nur mit einem sauberen Geschirrtuch und lassen Sie das Gemüse für 4-7 Tage bei Zimmertemperatur angären.

◆ Nun kann das Einmachglas ohne Gummi lose geschlossen werden (die Gase sollten weiterhin entweichen können, darum Schraubgläser nie fest verschließen) und an einem kühleren dunklen Ort bei etwa 15-18° 2 Wochen weitergären lassen.

◆ Nach 3 Wochen Gesamtgärzeit sollte das Glas im Kühlschrank aufbewahrt werden. Nach zusätzlich etwa 6 Wochen ist das Sauergemüse fertig und mindestens ½ Jahr haltbar.

Dazu passt Ziegenfrischkäse. Er enthält gesundes tierisches Protein, so dass er das wertvolle milchsaure Gemüse nicht nur geschmacklich ideal ergänzt.

Von der Idee ...

Sigrid Schulz

ist Lehrerin an der Freien Waldorfschule Wendelstein. Sie ist Mutter zweier Kinder, und kam im Frühjahr 2014 mit der Idee zu uns, die Rezepte von Manuela Huber in einem Kochbuch zu sammeln.

Motivation: *Es wäre so schön, wenn es ein Kochbuch mit Manuelas Rezepten aus der Kindergartenküche gäbe. Dann wüsste ich, dass das, was ich zuhause koche, meinen Kindern schmeckt. Denn das Mittagessen von Manuela Huber lieben sie. Ihr könnt doch fotografieren und gestalten ... . Wenn die Manuela mitmachen würde, haltet Ihr es für möglich, aus ihren Rezepten ein Kochbuch zu erstellen?*

Fazit: *Vier Jahre später ist das Thema Kochen bei meinen Kinder auf der nächsten Ebene angelangt. Zum Teil lernen sie selbst das Kochen mit mir à la Frau Huber. Jetzt freue ich mich über dieses Buch, dessen Fotografie einem schon das Wasser im Mund zusammenlaufen lässt.*

Leonid Heinl

besucht seit 2008 die Waldorfeinrichtung in Wendelstein und war in einer der Kindergartengruppen, die 2011 erstmalig in den Genuss von Manuela Hubers Kochkünsten kamen.

Motivation: *Ein Kochbuch, tolle Idee! Ich will auf jeden Fall dabei sein, wenn Ihr kocht. Dann bekomme ich endlich wieder Manuelas leckere Gerichte zu essen. Ich möchte Euer Testesser sein.*

Fazit: *Mir hat fast alles geschmeckt, was bei uns für das Kochbuch gekocht wurde. Schade, dass die Manuela nun nicht mehr zum Kochen kommt.*

Manuela Huber

arbeitete lange Zeit im Hotel- und Restaurantfach und ist heute ambitionierte Kindergartenköchin im Waldorfkindergarten Wendelstein. Seit 2017 macht sie nebenberuflich eine Ausbildung zur holistischen Gesundheitsberaterin. Sie hat drei Kinder.

Motivation: *Ein Kochbuch mit meinen Rezepten? Ja, da mache ich sehr gern mit. Ich freu mich doch, dass es den Kindern schmeckt. Und wenn ich den Eltern damit einen Gefallen tun kann, freut es mich noch mehr.*

Fazit: *Über vier Jahre hinweg diese Rezepte zu sammeln, hat mir immer wieder aufs Neue bestätigt, wie wichtig es ist, sich mit einer gesunden Ernährung auseinanderzusetzen, die sowohl während der Zubereitung als auch beim Essen Freude bereitet.*

Oliver Heinl

ist Vater eines Sohnes, freiberuflicher Fotograf (mit Schwerpunkt Architektur- und Industriefotografie) sowie Teilhaber eines kleinen Verlags. Er arbeitet ansonsten selten im Fotostudio, was die Foodfotografie besonders reizvoll für ihn machte.

Motivation: *Speisen appetitlich zu fotografieren, ohne sie künstlich zu stylen, ist eine Herausforderung. Mir ist es wichtig, dass wir die Gerichte nach dem Fotoshooting noch essen können und wollen. Neben der Fotografie sind Bücher meine berufliche Leidenschaft.*

Fazit: *Die Speisen auf Glastellern angerichtet und von unten beleuchtet zu fotografieren, hat sich als Konzept bewährt. Die einfache und effektive Lösung war wieder einmal eine gute Wahl.*

Nicole Leopold

ist freiberufliche Grafikerin, Autorin und Verlegerin. Sie ist sowohl beruflich als auch privat die Partnerin von Oliver Heinl sowie die Mutter von Leonid.

Motivation: *Das Thema Ernährung und Kochen interessiert mich schon lange. Die Aussicht, gemeinsam mit einer erfahrenen Köchin am Herd zu stehen, ihr zu assistieren, über die Schulter zu schauen und anschließend gemeinsam mit ihr und unseren Helfern bei einem wunderbaren Essen am Tisch zu sitzen, verdrängte die Aussicht auf die vielen zusätzlichen Arbeitsstunden, die während der Umsetzung dieses Buches in unserer Freizeit anfallen würden.*

Fazit: *Die Mühe hat sich gelohnt. Nicht nur für mich, die ich in diesen vier Jahren so viel mehr über den Segen einer selbstbestimmten Ernährung lernen durfte, sondern auch für alle, die sich von unserem Buch inspirieren lassen möchten.*

Rezept-Register

Stichwortverzeichnis

Literaturverzeichnis

Balzer, Harry: zitiert aus Michael Pollan: Kochen. Eine Naturgeschichte der Transformation. S. 217ff. München: Antje Kunstmann Verlag (2015).

Dr. Johanna Budwig Stiftung: www.budwig-stiftung.de. Verantwortlich für den Inhalt der Webseite: Vertretungsberechtigt: Dr. Alexander Grunewald (Stand 2018).

Flaischlen, Cäsar Otto Hugo: Von Alltag und Sonne. Gedichte in Prosa. Berlin: Egon Fleischel Verlag (1917).

Forum für gesunde Lebensweisen e.V., Tübingen. www.dr-feil.com (Stand 2018).

Kast, Bas: Der Ernährungskompass. Das Fazit aller wissenschaftlichen Studien zum Thema Ernährung. München: C. Bertelsmann Verlag (2018).

Klemme, Birgit & Holtermann, Dirk: Baumblättersalat. Neue Delikatessen vom Wegesrand. Düsseldorf: Walter Rau Verlag (1999).

Klemme, Birgit & Holtermann, Dirk: Delikatessen am Wegesrand. Un-Kräuter zum Genießen. Düsseldorf: Walter Rau Verlag (1997).

Klemme, Birgit & Holtermann, Dirk: Un-Kräuter zum Genießen. Noch mehr Delikatessen am Wegesrand. Düsseldorf: Walter Rau Verlag (1996).

Mörike, Eduard Friedrich Phillip: Er ist's. Aus: Eduard Friedrich Phillip Mörike: Gesammelte Schriften. Band 1. Gedichte. Stuttgart: Göschen (1889).

Olschewski, Felix: Einfach Kochen: Methoden und Rezepte. Books on Demand (2018).

Olschewski, Felix: www.urgeschmack.de (Stand 2018).

Ottolenghi, Yotam: Das Kochbuch: mediterran, orientalisch, raffiniert. München: Dorling Kindersley (2012).

Ottolenghi, Yotam: Vegetarische Köstlichkeiten. München: Dorling Kindersley (2014).

Pollan, Michael: Kochen. Eine Naturgeschichte der Transformation. München: Antje Kunstmann Verlag (2015).

Ringelnatz, Joachim: Brief in die Sommerfrische. Aus: Joachim Ringelnatz: Gedichte. Gedichte von Einstmals und Heute. Berlin: Rowohlt (1934).

Sarah Wiener Stiftung (Hg.): Landschaft schmeckt. Nachhaltig kochen mit Kindern. Weinheim Basel: Beltz Verlag (2014).

Simonavicius, Engelbert: Inh. Bernstein Hof, Bernsteinstraße 23, 84032 Altdorf in Niederbayern.

Weber, Friedrich Wilhelm: In der Winternacht. Aus: Friedrich Wilhelm Weber: Gedichte. Münster: Verlag Regensberg (1958).

Für die Inhalte der hier verzeichneten Webseiten und die dort genannten Links auf die Seiten Dritter übernehmen wir keinerlei Haftung, da wir lediglich auf den Stand der Webseiten zum Zeitpunkt der Erstveröffentlichung dieses Buches verwiesen.